아메리카 신대륙 발견은 맞는 말일까?

일러두기

1. 원문의 'Indian'은 인디언이 아니라 원주민을 의미하여, 원주민으로 표기했습니다.
2. 'nation'은 '민족', 'state'는 '국가', 'country'는 '나라'라는 뜻이나 'nation'을 민족, 부족 등으로 상황에 맞게 번역하였습니다.
3. 'homeland'는 '고국' 또는 '고향'으로 번역하였습니다.
4. 원서의 거리와 면적 단위를 청소년들이 바로 이해하기 쉽게 한국의 단위로 변환하여 표기하였습니다.
5. 괄호 안의 설명은 옮긴이주입니다.

청소년을 위한 미국 역사 바로 보기

아메리카 신대륙 발견은 맞는 말일까?

록샌 던바-오르티스 지음

진 멘도사, 데비 리즈 개작 | 권상철 옮김

원주민? 아메리카 인디언? 아니면…… 아메리카 원주민?

이 책의 주인공이 될 이들은 이렇게 세 가지 용어로 불리곤 한다. 연방, 주 정부 및 부족 정부에서도 이 세 가지 표현을 같은 의미로 사용한다. 이 책에서는 최대한 구체적인 이름을 사용하고, 여러 부족에 대해 말할 때는 더 넓은 의미의 용어를 사용할 것이다.

텔레비전 프로그램, 영화 등에서 원주민 집단을 일컫는 흔한 말은 '부족(tribe)'이다. 실은 부족보다는 '국가(nation)'라는 단어가 더 정확한데, 다양한 원주민들은 미합중국이 존재하기 훨씬 이전부터 정부를 갖추고 서로 협정을 맺었기 때문이다. 미국 정부와 부족 정부도 부족과 국가라는 용어를 같은 의미로 사용한다. 마지막 장에서도 살펴보듯, 일부 원주민 국가는 스탠딩 락 수 부족(Standing Rock Sioux Tribe)처럼 자신들의 이름에 부족이라는 단어를 포함한다. 다른 이들은 '무리(band)'라는 단어를 사용하고, 또 다른 이들은 '부락(rancheria)'을 사용하기도 한다.

텔레비전 프로그램이나 영화, 소설 등에서는 특정 국가의 인구 규모에 대해 거의 언급하지 않는다. 현재 체로키 국가(Cherokee Nation)는 약 26만 명의 부족 시민이 미국 전역에 살고 있고, 타오스 푸에블로

(Taos Pueblo) 땅에는 1천9백 명의 타오스 원주민들이 살고 있다.

'민족'과 '부족' 같은 표현 외에도 부족마다 스스로를 부르는 말도 각기 다르다. 어떤 곳에서는 부족의 구성원을, 일부는 '부족의 시민'으로 표현한다. 그러므로 "데비 리즈는 남베 푸에블로 부족의 구성원이다"라고 말하는 것도 맞고, "윌마 맨킬러는 체로키 민족의 시민이었다"라고 말하는 것도 맞는 표현이다.

또 이누이트(Inuit)라는 단어는 그들의 언어로 '사람'을 의미한다. 따라서 그들에게 'the Inuit people'은 'the people people'을 의미하는 중복된 표현이 된다. 게다가 요즘 부족 국가들은 사람들이 붙여준 이름이 아니라, 자신들이 원래 불러온 이름으로 바꾸고 있다. 예전에 '위네바고(Winnebago)'라고 불렸던 부족은 실제로는 '호청크(Ho-Chunk)'라는 이름을 사용한다. 그래서 최근에는 지도와 인쇄 자료에서도 부족 국가들이 원하는 이름을 반영하여 바꾸고 있다.

주와 같은 지리적 위치를 언급할 때 '현재 알려진~'과 같은 문구를 사용하는 경우가 종종 있다. 그것은 오늘날의 많은 경계와 이름이 당시의 원주민들에게는 아무 의미가 없으며, 지명은 역사 속 사건이나 원주민 공동체의 요청에 따라 이름이 바뀔 수 있고 실제로도 종종 바뀌었기 때문이다. 예를 들어, 현재 애리조나에 있는 산 이름이 바뀌는 과정을 살펴본다. '스콰 피크(Squaw Peak)'의 'Squaw'는 알곤퀸어(Algonquia) 단어지만 정착민들이 원주민 여성을 비하하는 데 사용해 왔기 때문에 원주민들은 오랫동안 이 지명을 반대했다. 이후 이라크 전쟁에서 사망한 호피(Hopi)족 군인 로리 피에스테와(Lori Piestewa)를 기리기 위해 이 산의 이름은 피에스테와봉(Piestewa Peak)으로 바뀌었다. 이렇게 이름은 끊임없이 변화하고, 이것은 원주민 지식이 점점 더 사회에 받아들여지고 있음을 의미하는 좋은 변화다. 이름과 단어의 변화에 대한 소개가 이 책을 읽는 데 도움이 되었으면 한다.

어떤 이는 이 책의 노예제에 대한 내용을 읽으며 놀랄 것이다. 우리는 '노예'라는 단어가 사람을 물건으로 다루며 인간성을 침해하기 때문에 일부러 '노예가 된 사람들'이라고 표현했다. 독자 여러분 중 누군가는 원주민 노예제와 노예화에 관한 구절을 읽고 놀랄 사람도 있을 것이다. 대부분의 역사책들은 원주민이 때때로 노예가 되었고 일부 원주민 역시 노예 노동자를 부렸다고 말하지 않지만, 이는 엄연히 우리 모두가 알아야 할 역사의 일부이기에 앞으로는 일반적인 상식으로 자리 잡기를 기대한다.

미국은 '이민자의 나라'로 알려져 있지만 점차 '정착자 식민 국가'로 인식이 바뀌고 있다. 이제 미국 대륙을 '발견'한 콜럼버스의 날에 대한 축하는 미국 사회에서 사라지고, 대신 원주민의 날을 기념하는 곳이 늘고 있다. 이러한 변화는 탐험과 발견의 세계화 과정에서 드러난 야만성을 문명화로 포장한 성공과 승자에 초점을 맞춘 그간의 관점을 비판적으로 검토하며, 현실을 바르게 바라보는 안목을 가지려는 노력을 반영한다.

　인상적인 다큐 영화인 〈Exterminate All the Brutes(야만의 역사)〉를 본 후, 이 영화를 더 이해하기 위해 관련 정보를 찾아보았다. 제작자 라울 펙(Raul Peck)은 린드크비스트의 《야만의 역사(Exterminate All the Brutes)》, 던바-오티즈의 《원주민 시각의 미국 역사(An Indigenous Peoples' History of the US)》를 읽은 후 다큐 영화를 만들게 되었고, 제목은 《야만의 역사》에서 가져왔다고 한다. 앞의 책은 번역서가 있어 읽기 쉬웠는데, 뒤의 책은 번역서가 없었다. 다행히 후자의 책이 많이 읽히며 청소년용으로도 쓰인 책을 발견해 영어지만 어렵지 않게 읽을 수 있었다.

　《아메리카 신대륙 발견은 맞는 말일까?-청소년을 위한 미국 역사 바로 보기》는 학교에서 교사들이 원주민 역사에 대한 진실을 가르치지 않아,

청소년이 스스로 읽을 수 있도록 만들어진 것이다. 마침 교육 전문가 2명이 청소년 독자를 위해 내용을 쉽게 풀어 쓰고 지도, 사진, 용어 정의, 생각거리, 토론, 실천 주제 등의 다양한 자료를 더해 '청소년을 위한 원주민 시각의 미국 역사'에 대해 분명하게 알려준다. 이 책은 유럽인이 '발견한' 나라로서의 이민자 국가 미국 이야기가 아니라, 원주민의 시각에서 정착민 식민주의와 원주민 학살, 저항 그리고 회복력을 포함했다. 그렇게 해서 미국의 역사와 사회를 더 광범위하고 비판적인 시각으로 볼 수 있게 하는 힘을 길러주어 학생, 교사, 일반 독자들에게 미국 역사를 다시 생각해 보게 하는 흔치 않은 기회를 제공하고 있다.

미국 내 서평에 기초해 이 책을 소개해 본다.

이 책은 유럽 탐험가들이 미국을 '발견'했다는 표준적인 이야기에 도전한다. 그리고 주요 사건에 대해 원주민의 관점을 제공하여 미국 역사에 대한 기존 서사에 많은 수정이 필요하다는 것을 보여준다.

그간 세계의 많은 학교들이 수 세대에 걸쳐 아메리카 원주민에 관해 가르쳐 온 내용의 대부분이 백인 유럽인을 선호하는 방향으로 왜곡되어 왔다는 것은 참으로 슬픈 진실이다. 학교 수업에서는 식민지 개척자들이 도착하기 전의 미국 땅은 광활하고 사람의 손길이 전혀 닿지 않은 황무지였던 것처럼 다룬다. 원주민 부족의 규모를 축소하고, 원주민 사회의 복잡성을 무시하며, 폭력을 은폐한다. 그리고 미국이 서해안으로 영토를 확장하면서 쫓겨난 많은 사람들을 전혀 고려하지 않는다. 식민지화는 토지를 빼앗고, 자원을 약탈하는 등의 목적을 두고 명분을 앞세우며 진행되었다. 독일의 범게르만주의 영토 확장인 레벤스라움(Lebensraum) 또는 생활권 주장, 일본의 동아시아 국가의 공동 번영을 추구하던 대동아공영권 주장 등도 연속선상에서 빼놓을 수 없는 어두운 역사다.

독자들이 깨달아야 할 또 한 가지는 정착민 식민지주의의 지속성에 대한 인식이다. 주권이 무시당하고, 약자의 목소리를 억누르려는 권력이 세상에는 여전히 존재한다는 것을 알아야 한다. 이러한 관심과 인식을 자신의 지역 사회에서부터 시작해 보는 노력도 필요하다. 우울하고 낙담하기 위해서가 아니라, 이러한 노력이 얼마나 절실히 필요한지 그리고 얼마나 커다란 긍정적 효과를 가져올 수 있는지 시도해 보자는 것이다.

과거에도 있어 왔지만 다행히도 많은 사람이 진실을 밝히기 위해 이제는 더욱 적극적으로 노력하는 시대를 맞이하며 이 책은 여러 곳에서 각광을 받고 있다.

이 책은 뉴욕 공립도서관의 십대를 위한 최고의 책, 시카고 공립도서관의 최고 정보 제공 도서, 미국사회과교육협의회, 아동도서협의회의 청소년 사회과교육 추천 도서 등으로 선정되었다. 청소년을 겨냥한 학습 자료 형태로 구성된 이 책은 학생뿐 아니라 성인도 쉽게 읽을 수 있다. 미국에 대해 비판적, 대안적 이해를 키우고, 더 나아가 세계 다른 지역에 대해서도 균형적으로 사고하는 시작점을 제공해 줄 것이다.

미국은 흔히 우리가 가장 잘 아는 나라라고 생각하지만 균형적 시각의 이해는 부족하다. 급속한 산업화와 더불어 효율성과 과학성에 매몰된 승리와 성공의 이야기가 주류를 이루며, 다름과 차이를 인정하지 못하는 분위기도 유사한 부류다.

최근 확대되고 있는 해외여행, 한류 세계화 등의 변화는 자랑스럽기도 하지만 한편으론 걱정도 생긴다. 서구인들이 우월감을 드러내기 위해 만들어 낸 차별적 오리엔탈리즘의 안목으로 인해 한때 인도 여행이 붐을 이루었다. 그렇게 해서 우리가 잘 알지도 못하는 인도에 대한 시각이 영국인이 만든 이미지를 답습하는 복제 오리엔탈리즘으로 나타나기도 했다. 아직도 한류의 세계화를 확대해 누구나 한국 음식과 문화를 즐길 것이라 생각하고, 여행기에 개발도상국을 '가난하지만 행복한 나라'로 평가하는 편견적 안목은 흔하게 찾을 수 있는 모습이다. 지금에 와서는 예전 유럽인들이 쓴 여행기들은 야만과 차별로 가득 차 있다고 비판적으로 평가할 수 있지만, 이러한 안목이 현재에도 우리의 인식과 사고에 조금이라도 있다면 해외여행의 확대는 견문을 넓히는 기회가 아니라 오히려 편견의 악순환, 문화 우월주의로 이어질 수도 있다.

이러한 측면에서 이 책은 한국 사회에도 이제껏 주목하지 않았던 다른 한 쪽에 대한 부끄러움의 자성을 제기한다. 우리 사회에서 아직도 자주 등장하는 외국인에 대한 멸칭, 선진국 진입 담론에 생겨난 발전 지상주의와 서구 중심주의는 우리가 성숙한 세계시민으로 나아가기 위해 극복해야 할 과제들이다.

교육도 근래 들어 교수에서 학습으로 변화하고 있다. 이제는 새로운 정보와 지식을 교실 수업을 통해 얻기보다 배우려는 사람이 경험과 연습을 통해 인식과 행동을 변화시켜 가는 과정의 학습이 보다 강조된다.

이 책은 지도, 사진, 추가 정보, 토론 등을 포함하고 있어 이러한 변화를 향한 노력의 첫 단추가 될 수 있을 것이다. 이 책은 '아는 만큼 보인다'는 말처럼 청소년과 성인의 시선을 흥미에서 주제로 향하게 하여, 다양한 영화, 책자 등을 새로운 시선으로 보게 해 줄 것이다.

청소년 여러분도 끈기를 가지고 꼭 끝까지 읽어 보기를 권한다.

권상철

차례

이 땅

미합중국이라고 불리는 지구의 껍질 아래에는 그 땅에 살았던 첫 번째 사람들—흔히 '아메리칸 인디언'이나 '원주민'이라고 불리는 사람들—의 뼈, 마을, 밭, 그리고 그들의 신성한 물건들이 묻혀 있다. 원주민들의 후손은 미국이 오늘날 우리가 알고 있는 국가가 된 과정에 대한 기억과 이야기를 간직하고 있다. 그러나 미국이 역사를 가르쳐 온 잘못된 방식으로 인해, 그들에겐 정확한 지식과 이해가 부족하다.

오늘날 기술의 진보로 인해 우리는 전 세계 원주민의 경험을 더 쉽게 이해할 수 있게 되었다. 그렇기 때문에 미국인들은 이제 자신의 역사에 대해 더 깊이 있고 비판적으로 생각하는 법을 배울 필요가 있다. 이를 통해 더 나은 세계 시민이 될 수 있다. 이러한 비판적 사고에는 '아메리카'라는 이름 역시 유럽의 식민지 개척자들이 붙인 것이라는 점을 이해하는 것도 포함된다. 원주민들에게는 예로부터 이 땅을 자신들의 언어로 부르는 이름이 따로 있었다.

그때와 지금

인류학자 패트릭 울프(Patrick Wolfe)는 "땅은 생명이다. 적어도 땅은 생명을 위해 필요하다"[1]고 말했다. 미국의 역사는 그 지역을 누가 관리하며 농작물을 심고, 물에서 고기를 잡고, 야생 동물을 관리하고, 누가 침략해서 빼앗았으며, 어떻게 땅을 조각내어 사고팔 수 있는 상품(부동산)으로 만들었는지 등 대부분 땅과 관련되어 있다.

독립 직후 미국 지도

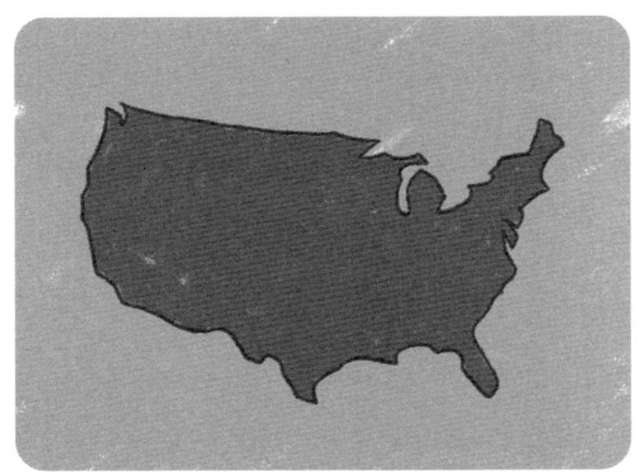

현재의 미국 지도

미국 학교의 교사들은 수업 시간에 학생들에게 미국이 영국으로부터 독립했을 당시의 대략적인 윤곽을 그려보게 했다. 그리고 그들이 그린 미국 땅의 윤곽이 위 두 개의 지도들 중 어느 쪽과 비슷한지 살펴 보았다.

그 결과, 대부분의 학생들이 대서양에서 태평양까지의 현재 미국의 모습을 그렸다고 한다. 그러나 미국은 독립 후 100년이 지나서야 그런 모습을 갖추었다(위 지도). 1783년에 독립한 것은 대서양 해안을 둘러싸고 있는 13개의 영국 식민지뿐이었다(17p 지도).

유럽인들이 오늘날 북미와 남미로 알려진 땅을 처음으로 밟은 이후에 어떤 일이 일어났는가? 미국 역사에 관한 대부분의 책은 크리스토퍼 콜럼버스와 다른 유럽인들이 아메리카를 '발견'했고, 종교의 자유를 찾아 나선 용감한 영국인들이 정착했으며, 더 나은 삶과 모험을 찾아 서쪽으로 이주한 용감한 정착민들에 의해 확장되었다고 말한다. 많은 사람들에게 미국인이라는 의미는 이러한 역사에 기초하고, 이들이 합쳐져 신화와 같은 기원에 대한 신화적인 이야기를 만든다.

미국의 기원 이야기

기원에 대한 이야기는 한 집단의 사람들에게 중요한 것에 대한 공통의 과거와 공유된 사고를 가진 공동체에 함께 속해 있다고 느끼게 한다. 그러나 기원 이야기는 실제로 일어난 중요한 일을 생략하고 다른 부분을 지나치게 강조하기도 한다. 미국의 기원 이야기가 바로 그런 경우다.

15세기 후반, 유럽의 탐험가들이 낯선 곳으로 항해를 떠났을 때 그들의 행동과 믿음은 '발견의 교리(Doctrine of Discovery)', 즉 유럽 국가들이 그들이 '발견한' 외국 땅에 대한 소유권을 주장할 수 있다는 생각에 기반했다. 콜럼버스가 아메리카 땅에 도착한 그 다음 해인 1493년에 공표된 발견의 교리는 당시 유럽 정치에 지대한 영향력을 행사한 가톨릭 교회의 지도자, 교황의 서신들을 통해 제시되었다. 그 내용은 다음과 같다. 유럽인들이 도착하여 새롭게 발견한 땅에 대한 권리를 주장하는 순간, 원주민들은 그 땅에 대한 자연적 권리를 잃는다. 유럽인들은 '발견된' 땅에 원래부터 살고 있는 사람들을 지배하고 '발견자'들이 원하는 대로 해야 한다고 여겼다. 만약 저항한다면 유럽의 군사 행동으로 이를 정복할 것이었다.

워싱턴 DC 국회의사당 내 존 밴덜린의 벽화 〈콜롬버스의 상륙〉은 1492년 '미국의 발견'을 전형적으로 표현하고 있다

이 주장을 토대로 콜럼버스는 타이노족이 살던 카리브해 지역을 스페인 땅으로 주장하고, 원주민을 납치하여 노예로 삼을 수 있었다. 마찬가지로 훗날 미국이 된 땅에 최초로 정착한 영국인 순례자와 청교도들은 자신들이 하나님과 그 땅을 차지하는 계약을 맺었다고 믿었다. 발견의 교리는 초기 미국의 정책을 지배하고, 원주민의 삶과 존재 자체에 직접적으로 영향을 미쳤다. 그러나 청소년을 위한 역사 교과서에서는 학생들이 미국 기원 이야기 속에서 그러한 부분에 대해 질문하거나 비판적으로 생각하도록 하는 내용이 거의 없다.

모든 자원을 가진 '자유'의 땅은 유럽인들을 아메리카 대륙으로 끌어들이는 자석과 같았다. '정착민'이라는 단어는 너무 자주 사용되어 대부분의 사람들은 이를 단순히 '새로운 곳에 살기 위해 정착하는 사람' 이상의 의미로 인식하지 못한다. 역사 속에서 정착민은 '이전에 아무도 살지 않았던 곳으로 가서 사는 사람'을 의미하기도 했다. 그러나 정착민은 이미 다른 사람의 집이 자리잡은 곳으로 들어가서 정착한 경우가 많았다.

영국이나 스페인 같은 국가가 특정 지역에 식민지를 건설할 계획을 세울 때도 그랬다. 식민지화는 한 지역의 정치적, 경제적 통제권을 획득하는 과정이며 식민지 개척자는 그 과정의 일부인 군대, 사업 이익, 살기 위해 가는 사람, 때로는 종교 기관의 대표자인 사람 또는 기관이다. 이들은 식민지를 건설하고 거주하는 데 중요한 역할을 하므로 정착민을 '식민지 개척자'라고 부를 수도 있다. 현재 북미로 알려진 지역에 도착한 정착민들은 고국에서는 그들이 가질 수 없었던 집과 농장, 사업을 원했다. 그들은 노예가 된 아프리카인의 노동력을 이용해 환금작물을 재배할 수 있는 무한정의 땅을 원했다. 야망이 컸던 유럽인들은 더 넓은 땅을 차지하기 위해 원주민들과 치열하게 싸워 이겨야만 했다.

미국 건국자들은 미국이 동부 해안에 있는 몇 개의 주로 구성되었을 때조차도 '미국'이 '바다에서 빛나는 바다까지' 완전히 확장되기를 바라고 있었다. 실제로, 새로운 국가의 첫 번째 법은 이러한 토지에 대한 욕

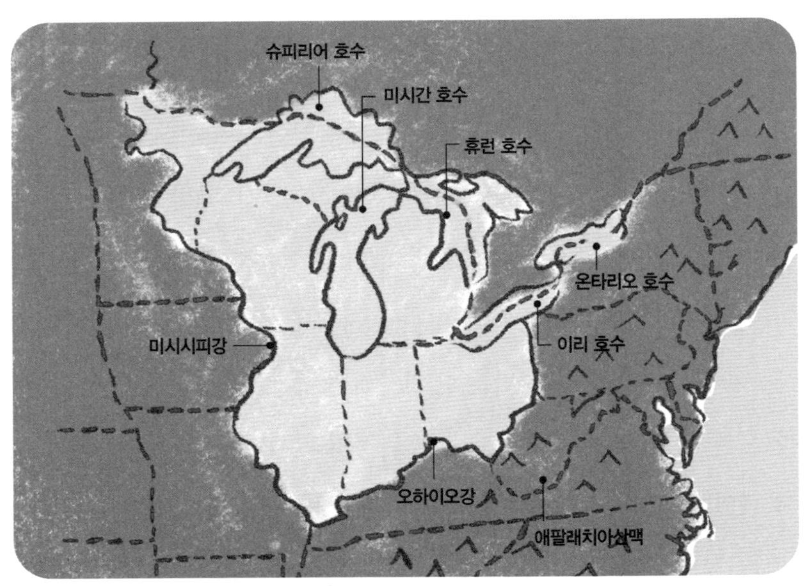

1787년의 북서칙령은 현재의 오하이오, 미시간, 인디애나, 일리노이, 위스콘신, 미네소타에 영향을 주었다

심 때문에 만들어졌다. 대륙의회는 헌법이 비준되기 2년 전인 1787년에 북서칙령(Northwest Ordinance)을 만들었다. 정착민들은 이 조례에 기초해서 애팔래치아 산맥과 앨러게니산맥 서쪽의 '원주민 영토'에 살 수 있게 되었다. 그전에는 1763년 영국 정부의 포고령으로 그곳에 정착하는 것이 금지되어 있었다.

1801년에 토머스 제퍼슨 대통령은 미국의 국경 확장 의도에 대해 이렇게 말했다.

"우리의 인구가 급속히 늘어날 것이며, 그러면 …… 남부 대륙은 아니더라도 같은 언어를 쓰고, 비슷한 제도와 법률을 가진 사람들이 북부 대륙 전체를 차지하게 될 것이다."[3]

이러한 생각은 나중에 '명백한 운명(Manifest Destiny)'으로 불리게 되었다. 그들의 존재와 이상을 대륙 전체에 퍼뜨리기 위해 '명백한 운명'은 원주민들의 고향을 차지하는 깃발이 되었다.

미국 역사에 대한 관점

미국 역사책을 읽다 보면, 미국의 기원 신화에 대한 다양한 해석을 볼 수 있다. 이 책의 뒷부분에서 지적하겠지만, 기원 신화에 대한 많은 해석들이 이 땅의 원주민에 대해 잘못 설명하고 부정의하게 다룬다.

예를 들어, 많은 학교 교과서들이 '발견의 교리', 제퍼슨 대통령의 확장 발언, 그리고 '명백한 운명'에 표현된 생각을 비판 없이 받아들인다. 그들은 미국이 대서양에서 태평양까지 확장하는 것을 불가피하고 좋은 것으로 설명한다. 그 과정에서 방해가 되는 모든 것, 즉 원주민들과 그들의 공동체는 군사력 등 필요한 모든 수단을 동원해서라도 반드시 없애야 할 문제로 보았다.

일부 역사책의 미국 기원 신화에 대한 또 다른 해석은 원주민과 유럽계 미국인 간의 관계를 문화적 갈등으로 보아야 한다는 것이다. 이 관점은 1960년대 인권 운동과 학생 운동에 반대하는 대응으로 생겨난 것으로 객관적이고 공정하다고 여겨졌다. 이 견해는 다음과 같이 표현된다.

- 양측 모두에 좋은 사람과 나쁜 사람이 있었다.
- 아메리카 문화는 모든 민족 집단의 융합이다.
- 개척지는 단순히 유럽인 정착지를 발전시키는 것이 아니라 문화 간 상호작용의 영역이다.
- 원주민들과 유럽계 미국인들은 국경지대에서 만남을 갖고 대화를 나누었다.

이러한 견해를 가진 일부 사람들은 원주민 문화가 그들의 종말에 책임이 있다고 말하기도 한다. 그들은 객관적이고 공정해지려고 노력한다면서, 유럽계 미국인이 대륙 전체를 차지할 권리가 있었는지조차 따져 묻지 않았던 수 세기 동안의 미국 정책과 법률에 대해서는 외면한다.

미국 역사에 대한 다문화적 해석에서는 지배적인 기원 신화에서 무시된 원주민, 여성, 아프리카계 미국인, 이민자 집단의 기여만을 강조한다. 원주민들은 옥수수, 콩, 사슴 가죽, 통나무집, 모자 달린 모피 옷, 메이플 시럽, 카누, 심지어 민주주의의 기본 개념까지 공유하여 국가를

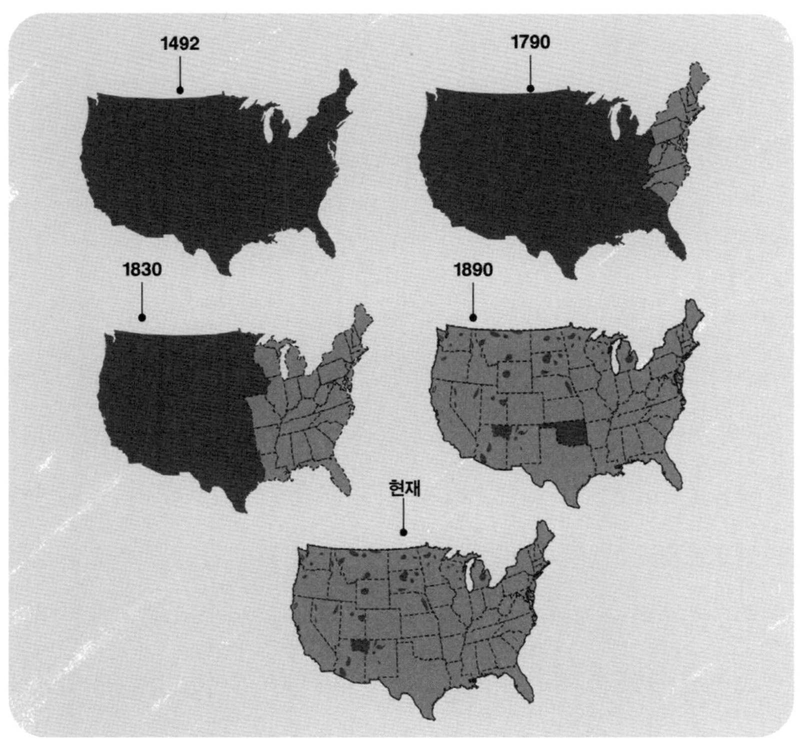

이 지도는 원주민의 토지가 축소되는 과정을 인상적으로 보여 주는데, 이 축척으로는 모든 원주민 종족의 삶의 공간과 토지 소유를 오늘날의 지도에 정확하게 나타낼 수 없다(검은 부분이 원주민 토지)

위대하게 만드는 데 도움을 주었다고 말한다. 그러나 원주민의 '선물'이 미국을 건설하고 풍요롭게 하는 데 도움이 되었다는 생각은 이러한 자원이 국가가 확장되는 과정에서 강제로 약탈되었다는 사실을 숨기고 있다. 다문화적 관점은 원주민과 다른 억압받는 집단 사이의 중요한 정치적 차이를 고려하지 않고 원주민 전체를 하나의 인종 집단으로 보는 경향이 있다. 게다가 원주민 토지의 약탈과 '통합'을 가능하게 한 문화적 파괴에 대해서는 거의 혹은 전혀 말하지 않는다.

원주민의 관점

오늘날 미국에는 연방 정부가 인정한 원주민 국가가 500개 이상이 있으며, 인구는 거의 300만 명에 달한다. 이들은 그 땅의 원래 주민이었던 1,500만 명의 원주민 후손이며, 대다수는 마을에 살았던 농부였다. 원주민의 토지 기반은 유럽인과 처음 접촉한 이후 급격히 감소해 1881년에 약 63만km^2(한반도〈약 22만㎢〉의 2.9배)로 급격히 감소했고, 1934년에는 약 20만km^2(대한민국 전체 면적〈약 10만㎢〉의 2배)만 남았다. 제2차 세계대전 동안에 미국 정부는 2,000km^{2}를 군사적 용도로 더 빼앗았다.[4]

남은 원주민 토지의 대부분은 연방 정부에서 인정한 300개 이상의 보호구역이다. 보호 구역은 미국 정부가 정착민으로부터 보호하는 대가로 원주민 집단을 보호 토지에 가두는 개념으로, 독립부터 1871년까지 미국이 확장하고 조약을 체결하는 시기에 등장했다.

원주민 역사가와 학자들은 미국 역사의 사건들이 원주민에게 어떤 영향을 미쳤는지에 대해 길게 썼지만, 이들의 관점은 대체로 역사 과목에 반영되지 않는다. 대신 학생들은 이민자들의 국가인 미국에 관한 다른 기원 이야기를 배운다. 원주민은 아예 수업에서 제외되거나, 포함되더라도 편의상 '퍼스트 아메리칸'으로 이름이 붙여져 이민자(보통 베링 해협 건너 아시아 출신)로 분류되기 때문에 이 땅에 대한 그들의 소유권을 약화시킨다.

'이민자 국가'라는 틀은 미국의 정착민 식민주의의 실체를 가려버린다. 이 책은 정착민 식민주의가 미국 건설의 핵심이었다는 관점을 취하고 있다. 정착민 식민주의의 목표는 지역의 모든 자원, 특히 토지를 장악하는 것이다. 예를 들어, 식민지 시대에 유럽의 기업들은 군사적 지원을 받아 나중에 '아메리카'라고 불리게 된 곳을 포함한 전 세계의 여러 지역의 땅과 기타 자원들을 빼앗고 이윤을 얻기 위해 사용했다. 점점 더 많은 정착민이 도착하면서 한 정착지가 다른 정착지로, 또 다른 정착지로 길을 뚫었다. 이로 인해 유럽 정부와 정부 지원 기업은 원래 정착지에서 점점 더 멀리까지 통제하고 영향력을 넓혀갔다. 미국 역시 독립 이후 비슷한 성장 모델을 따랐다.

미국 정착민 식민주의의 기본적인 생각은 다음과 같다.

■ 유럽계 미국인의 문명이 아메리카 원주민과 노예로 끌려온 아프리카인의 문명보다 우월하다는 생각을 '백인 우월주의'라고 한다. 개인적 수준에서 이것은 백인의 삶이 어두운 피부색의 사람들의 삶보다 더 가치 있다고 여기는 것을 의미한다.

■ 아프리카계 미국인 노예 제도. 노예 제도는 주로 미국 남부가 떠올려지지만, 국가 전체가 성장하면서 주로 아프리카인과 아프리카계 미국인의 노예화로부터 커다란 이익을 얻었다.

■ 대량 학살과 토지 약탈 정책. 유엔은 대량 학살을 "국가적, 민족적, 인종적, 종교적 집단의 전부 또는 일부를 파괴하려는 의도를 가지고 행해진 행위"[5] 로 정의한다. 이러한 행위는 아래의 행위를 포함한다.

a. 그룹 구성원 죽이기.
b. 단체 구성원에게 심각한 신체적, 정신적 피해 입히기.
c. 집단의 전체 또는 일부를 물리적으로 파괴하기 위해
   고의적으로 생활 여건에 피해 주기.
d. 집단 내에서의 출산을 방지하기 위한 조치 취하기.
e. 강제적으로 한 집단의 어린이를 다른 집단으로 이주시키기.

1873년 윌리엄 T. 셔먼 장군의 다음 진술은 대량 학살에 대한 태도

가 어떤 것인지 잘 보여 준다.

정착민 식민주의와 대량 학살의 지속적인 영향은 역사가 정착민만을 기념하고 원주민은 역사 기록에서 사라지게 만드는 방식으로 전해지는 과정에서도 나타난다. 이것은 '처음과 지속'[7]이라고 불리는데, 여러분도 그러한 예를 본 적이 있을 것이다. 북미 전역에는 '최초의' 정착지, 건물 또는 학교로 묘사되는 장소가 있다. 백인 정착민들이 처음으로 건설한 정착지, 건물 또는 학교를 의미하는 이곳들에는 그들이 오기 전까지 아무도 살지 않았다. 반면, 미국의 이야기는 '마지막' 원주민 또는 마지막 부족에 대한 사례—'마지막 모히칸', '마지막 원주민 이시', 프레이저의 유명한 조각상 '흔적의

제임스 얼 프레이저의 〈흔적의 끝〉은 1915년 세계 박람회에 전시되었다. 비원주민 예술가가 만든 이 작품은 '원주민의 존재는 종말을 맞이했고, 더 이상 여기에 있지 않다'는 잘못된 이미지를 드러내고 있다

끝(End of the Trail)' 등—로 가득 차 있다.

정착 식민주의는 그 목표를 달성하기 위해 폭력이나 폭력의 위협을 필요로 한다. 우리는 미국의 정착민 식민주의 역사, 백인 우월주의, 노예 제도, 대량 학살, 토지 절도에 대한 자세한 내용들을 이 책을 통해 알게 될 것이다.

또한 원주민과 공동체가 생존을 위해 싸웠던 다양한 방법에 대해서도 알아갈 것이다.

사람들은 투쟁 없이는 자신의 땅, 자원, 자녀, 미래를 넘겨주지 않는다! 현대의 원주민 민족과 공동체는 식민주의에 대한 저항으로 형성된 사회다.

이 책은 원주민을 짓밟고 종속시키려 했던 식민주의자 정착민 국가로서의 미국 이야기를 담고 있다. 그들에게 가해진 모든 일들을 겪고도 원주민들은 여전히 그곳에 있다.

그들이 살아남은 것은 기적이 아니다.

이 모든 것이 미국의 역사다.

1장

옥수수를 따라서

많은 역사책에서 현재 북미와 남미로 불리는 땅들을 '신세계'라고 부른다. 그러나 이 용어는 유럽의 관점이다. 유럽인들이 도착했을 때, 이미 수천 년 동안 그곳에서 살아왔던 사람들에게 그 지역은 새로 발견된 새로운 땅이 아니라 그저 오래된 고향이었다.

어느 사회나 각자의 고유한 달력 체계를 사용해 왔다. 우리는 BC와 AD라는 약어에 익숙하다. BC는 'Before Christ(예수 탄생 이전)'를 의미한다. 안노 도미니(Anno domini), AD는 라틴어로 '우리 주님의 해'를 의미하며 '예수 탄생 이후의 시간'을 가리킨다. 이 용어는 기독교가 지배적인 종교인 사회에서 의미를 갖지만, 기독교가 아닌 곳에서도 흔히 사용된다. 이 장에서는 기독교가 모든 사람들의 종교가 아니라는 것을 인정하는 두 개의 다른 약어를 사용해 원주민의 종교를 포함한 다른 종교를 존중하고자 한다. 그것은 BCE(Before the Common Era)와 CE(Common Era)다. 혼란스러울 필요는 없다. BC 45년은 BCE 45년과 같고, AD 1945년은 CE 1945년과 같다.

인류는 사하라 남쪽 아프리카에서 시작되었다. 약 20만 년 전에 사람들은 아프리카에서 전 세계로 이주하기 시작했다. 약 15,000년 전부터 그들은 7개 지역에서 살기 시작했다.

7개 지역 중 3개 지역은 현재 아메리카라고 불리는 대륙, 멕시코 계곡과 중앙아메리카('메소아메리카'라고도 한다), 남아메리카의 중남부 안데스산맥, 그리고 북미 동부에 있었다.

기원전(BCE) 8500년경에는 7개 정착지 모두에서 식물을 재배하고 경작했다. 아메리카 대륙에서 원주민들이 재배한 가장 중요한 식물은 바로 옥수수였다.

옥수수: 신성한 식량

1492년 이전에는 아메리카 대륙에만 옥수수가 존재했다. 과학자들은 멕시코 중부의 원주민들이 1만 년 전, 즉 기원전 8000년경에 옥수수를 재배했다는 증거를 가지고 있다. 12~14세기 후(기원전 6800~6600년), 옥수수 생산은 중앙 고원 지역에서 남쪽으로 남아메리카 끝까지, 북쪽으로 북극 근처, 그리고 두 대륙의 양쪽 해안까지 퍼졌다. 옥수수, 콩, 호박, 감자와 같은 작물의 확산은 북미, 중미, 남미 사람들의 광범위한 문화 및 상업적 교류 네트워크에 기반한다.

수천 년 전, 원주민 과학자들은 야생 곡물을 그들의 육체와 영적 삶을 지탱하는 식량으로 만들었다. 다른 곡물과 달리 옥수수는 야생으로 자랄 수 없다. 원주민들의 세심한 배려가 없었다면 옥수수는 아마도 살아남을 수 없었을 것이다. 중앙아메리카 사람들은 다양한 색깔의 옥수수를 재배했다. 심지어 사막 같은 매우 건조한 지역에서도 재배되었는데, 그곳에서 옥수수를 키우려면 복잡한 관개 시스템이 필요했다.

서기(CE) 1500년대 말까지, 현재 우리가 서반구라고 부르는 지역의 전체 인구는 약 1억 명이었다. 북미와 멕시코에는 약 4천만 명이 있었고, 멕시코 중부에서만 약 3천만 명이 거주하고 있었다. 당시 동쪽의 우랄산맥까지의 유럽 인구는 약 7천만 명이었다.

과학자들은 아메리카 대륙이 약초, 수술, 치과, 위생적이고 의식적인 목욕을 통해 어느 정도 질병을 예방할 수 있던 사회였던 덕분에 인구가 많아졌다고 보고 있다.

지금의 멕시코, 중앙아메리카 지역의 사람과 옥수수를 살펴보자.

옥수수의 기원지인 멕시코와 중앙아메리카

오늘날 우리가 멕시코와 중앙아메리카로 알고 있는 곳들은 수천 년 동안 다양한 민족이 살아온 광활한 땅이다. 여러분도 마야인과 아즈텍인에 대해 들어 본 적이 있을 것이다. 이 지역의 역사에는 많은 다른 국가의 사람들이 살았고, 때로는 서로 무역을 했고, 전쟁을 했으며 때로는 서로를 흡수하거나 정복하기도 했다.

마야와 아즈텍 문명 외에도 올멕, 톨텍, 쿨후아 민족이 서로 다른 시기에 메소아메리카(중앙아메리카)에서 번성했다. 테파넥, 텍스코코, 틀라코판 같은 민족도 마찬가지였다. 이들 민족 중 일부는 다른 민족을 정복했다. 그 후 대다수는 멕시코 북부에서 이주해 온 아즈텍족에 의해 정복당했다.

정복당했든, 정복했든 이들에게는 모두 한 가지 공통점이 있었는데, 그것은 바로 옥수수를 재배했다는 것이다.

최초의 옥수수 재배자는 마야인이었다. 그들의 문명은 처음에는 현재의 과테말라 북부와 멕시코의 타바스코주에 집중되어 있었다. 사실 옥수수 재배는 마야 문화의 핵심이었다. 그들의 종교 역시 이 생명의 음식을 중심으로 이루어졌다.

10세기경에 마야인들은 벨리즈와 온두라스까지 남쪽으로 도시국가*를 건설했다. 오늘날 마야 문화를 연구하는 사람들은 마야인의 예술, 건축, 조각, 회화, 그리고 시간과 수학에 대한 정확한 이해력에 놀라워한다. 기원전 36년까지 그들은 0의 개념과 정교한 달력 체계를 개발했다. 또한 달과 행성의 움직임을 연구하고 일식과 월식까지 예측했다.

마야인들은 사제 계층과 귀족이 함께 마야 사회의 법률 제정과 집행 권한을 공유하는 방식으로 다스려졌다. 전쟁 포로, 범죄자, 채무자, 고아는 강제 노동에 동원될 수 있었다. 도시에서 멀리 떨어진 곳에 사는 마야인들은 귀족의 밭에서 일하며, 임대료를 지불하고 토지를 경작했다. 그들의 노동과 세금은 도로, 사원, 귀족의 집 및 기타 시설을 만드는 데 사용되었다. 그들이 이러한 합의에 만족했는지 아니면 착취를 당했다고 느꼈는지는 알 수 없다.

이 지역에 대한 마야 문명의 지배는 500년 이상 지속되었다. 결국 내부 갈등과 반란으로 마야 국가는 붕괴되었다. 하지만 그들의 정치 권력이 끝났다고 해서 마야인이 멸종된 것은 아니었다. 마야인들은 오늘도 조상의 땅 곳곳에서 살아가고 있다.

마야 문명과 같은 시기에, 멕시코의 '어머니 문화'라고도 불리는 올멕 문명이 멕시코 계곡에서 번성했다. 이후 톨텍, 쿨후아, 테파넥 문화가 그 지역을 지배했고, 때로는 지배권을 위해 투쟁했다. 그 사이 아즈텍인들은 점차 계곡에서 영향력을 확대해 1426년에 동맹과 함께 테파넥을 전복시키고 멕시코의 모든 민족을 지배했다.

강력한 아즈텍 국가의 경제적 기반은 수경 농업*이었다. 옥수수가 가장 중요한 작물이었지만 콩, 호박, 토마토, 카카오 및 기타 식량 작물도 번성하여 인구를 부양했다. 그들은 담배와 목화도 재배했다. 아즈텍인의 직조와 금속 세공품은 작물과 함께 톨텍이 처음에 설립한 무역 네트워크의 시장에서 유용한 상품이었고, 오늘날에도 뛰어난 예술 작품으로 평가되고 있다.

> ★ **수경 농업**
> 수경 농업은 작물 재배를 위해 늪지대의 물을 빼고, 다양한 작물에 필요한 물 공급을 위해 댐과 관개 시스템을 건설하는 등의 정교한 물 관리 방법을 사용하여 대규모로 농작물을 재배하는 방식이다.

이러한 네트워크는 오늘날 우리가 미국 남서부와 서부 해안 지역으로 부르는 곳까지 이어졌다. 터키석, 마코앵무새, 앵무새 깃털, 조개껍데기, 흑요석, 부싯돌, 동물 가죽 등이 이 무역 네트워크에서 거래되는 주요 품목이었다.

아즈텍은 문화·경제·군사·정치적으로 크게 번영했고, 아즈텍인들은 정복당한 민족에게 병역, 육체노동, 농작물, 공산품 형태의 공물을 요구했다. 이후 아즈텍에는 점차 공물을 바치는 민족들의 반란이 일어나게 되었다.

스페인의 정복자 코르테즈는 반군 세력과 손잡고 3년간의 대량 학살 전쟁을 통해 멕시코와 아즈텍 도시를 무너뜨릴 수 있었다. 아즈텍인들은 멕시코에 대한 지배권을 잃었지만, 그들의 후손은 마야인들처럼 멕시코와 미국 사회 구성원의 일부로 살아가고 있다.

이제 우리가 오늘날 미국으로 알고 있는 대륙에서 옥수수가 어떤 역할을 했는지 대해 살펴보자.

북부의 옥수수

오늘날 미국 남서부로 알려진 지역은 한때 아즈텍 제국의 북쪽 주변부였다. 이곳의 대부분은 고도가 높고 강수량이 부족하여, 가뭄이 생활의 일부인 취약한 토지를 가진 지역이다. 그러나 기원전 2100년까지 이 지역에서 살던 호호캄 민족은 옥수수, 콩, 호박, 목화를 거래하고 경작했다. 그들의 후손 일부는 당시 세계에서 가장 규모가 큰 관개 운하 네트워크 중 하나를 건설했다. 가장 큰 운하는 폭이 약 22m, 깊이가 약 6m에 달했다. 많은 부분을 점토로 덮어 물이 새지 않도록 했다. 운하 한 개로도 약 40km^{2}에 달하는 면적에 관개할 수 있는 많은 양의 물을 운반할 수 있었다.

대서양에서 미시시피강까지, 오대호부터 남쪽으로 멕시코만에 이르는 지역은 세계에서 가장 비옥한 농업 벨트 중 하나였다. 12세기에 미시시피강 유역은 멕시코와 마찬가지로 흙으로 만든 계단식 피라미드로 건설된 여러 대도시 국가의 중심지였다. 이들 중 가장 큰 도시는 카호키아(Cahokia)로, 같은 시기 런던보다도 더 많은 수만 명의 인구를 부양했다. 도시 건설과 농업 기반 시설에는 정교한 정치·사회 조직이 필요했다. 카호키아의 흙 둔덕 중 하나는 유럽 침략 이전에 건설된 아메리카 대륙 최대 규모의 토목공사일 것이다.

이러한 '흙 둔덕을 건설'한 문명의 사람들은 유럽의 침략 이전에 흩어졌으나, 오늘날 그들의 후손들은 남동부의 체로키족, 치카소족, 촉토족, 머스코지 크리크족, 나체즈족으로 어어져 있다. 이 부족들은 카호키아 문명을 일부 유지하고 있는데 부족 정부는 행정, 군대, 그리고 신성을 담당하는 세 부서가 있었다. 자치 부족 마을은 무역 및 다른 집단과의 관계에 대해 스스로 결정했지만, 일부 정c적 문제에 대해서는 여러 마을이 연합체로서 함께 협력하여 결정을 내리기도 했다.

이 남동부의 민족과 그 후손들은 오늘날 '녹색 옥수수 의식' 같은 옥수수와 관련된 중요한 전통을 유지하고 있다. 현재 미국 북동부 지역에서 발전한 하우데노사우니 연합은 '이로쿼이 6개 국가 연합'이라고도 불리는 세네카, 카유가, 오논다가, 오네이다 그리고 모호크 국가로 구성되었으며 나중에 투스카로라가 합류했다. 이 연합은 현재의 뉴욕, 펜실베이니아, 퀘벡 지역에 수천 개의 농업 마을과 사냥터로 분산되어 있는

6개 국가를 합병했다. 토지는 집단으로 관리하고 민주적인 씨족-촌락 체제를 통해 모든 정치적 통제와 의사결정이 한 집단에 의해 이루어지는 것을 피했다. 그들의 주요 작물인 옥수수는 곡물창고에 저장되었고, 각 대가족 중 가장 나이가 많은 여성인 씨족 어머니들이 공평하게 분배했다. 이 연합에서 씨족 어머니들은 통치에서도 중요한 역할을 했다. 그들은 통치 평의회에서 자신의 씨족을 대표할 남성을 선택했고, 만족스럽지 못한 대표자를 소환할 권한도 가지고 있었다. 또 그들은 의회에서 발언할 권리도 가졌다.

오늘날에도 하우데노사우니 사람들은 유럽인들이 도착하기 전과 유사하게 기능하는 연합을 유지하고 있다. '위대한 평화법'으로 불리는 하우데노사우니 헌법은 미국 헌법에도 영감을 주었다.

원주민의 통치 체계는 언제나 공동체 전체의 이익을 개인의 필요나 선호보다 더 중요하게 여기는 방식이었다.

알고 있니?

하우데노사우니의 대평화법 핵심 사상은 다음과 같이 설명된다.
"첫 번째 원칙은 평화다. 두 번째 원칙은 국민을 위한 공정성과 정의다. 세 번째 원칙은 선한 마음의 힘, 한마음이 되는 집단의 힘, 즉 단결이다. …… 그리고 결정을 내리는 방법은 전쟁이 아니라 지성을 사용하는 토론 과정이다."[1]

땅의 청지기

원주민은 거주 지역의 자연환경에 적응할 뿐만 아니라, 필요에 맞게 환경을 변화시키며 인구를 유지했다. 이는 땅의 청지기 정신에 의한 것이었다. 청지기는 현재와 미래 모든 집단의 필요가 충족될 수 있도록 자원을 목적에 맞게 신중히 관리하는 책임을 맡은 사람이다. 현재의 이익만을 위해 자원을 착취하고 미래에 사용할 수 없게 망쳐 놓은 사람은 청지기라고 할 수 없다.

유럽인의 침략이 시작될 무렵, 원주민들은 아메리카 대륙의 모든 지역에 거주하며 환경을 변화시켰다. 유럽인이 침략하기 전, 원주민들이

카호키아에 있는 이 흙 둔덕은 높이가 약 30m, 면적이 5만 7천m²(대략 축구장 14개 크기)다. 1800년대에 이 근처에 살았던 가톨릭 신부들로 인해 현재는 '몽크스 마운드(Monks Mound)'라고 불린다. 언젠가는 카호키아들의 후손에 의해 이름이 바뀔 것이다

토지와 자원을 관리했던 두 가지 방법을 간략히 살펴보자. 특히 농업과 사냥감을 위한 불의 사용, 그리고 대륙을 가로지르는 도로 건설에 대해 알아본다.

자연을 형성하는 주요 도구 중 하나는 불이었다. 원주민 공동체는 식민지 이전에 여러 방식으로 불을 사용해 북미의 풍경을 변화시켰다. 예를 들어, 북동부의 원주민 농부들은 항상 불을 피우기 위한 부싯돌을 가지고 다녔다. 불은 숲을 제거해 옥수수와 기타 작물을 재배할 수 있도록 공간을 확보하는 데 중요했다. 유럽인들이 흔히 문학과 예술 작품에 묘사하는 울창한 숲과는 달리 실제 미국의 경관에는 식량을 공급하는 옥수수밭, 딸기밭, 견과류 나무 숲이 자리를 잡았다.

그들은 다른 목적에도 불을 사용했다. 유럽, 아프리카, 아시아 사람들과 달리 대부분의 아메리카 원주민은 가죽과 고기를 얻기 위한 목적으로 동물을 가축화하지 않았다. 대신에 엘크, 사슴, 곰 등의 사냥감을 끌어들이기 위해 안식처를 만들었다. 이를 위한 한 가지 전략은 숲 덤불을 태우는 것이었다. 그렇게 다음 해 봄이 되면 싹이 트는 어린 식물들을 먹기 위해 동물들이 모여들었다. 그러면 고기와 가죽을 얻기 위해 사냥꾼들이 그 동물들을 사냥하는 방식이었다.

대평원에 살았던 원주민들도 불을 사용하여 광대한 초원을 확장하고 버펄로 무리를 위한 넓은 방목지를 만들었다. 숲의 일부가 불로 제거되면서 버펄로 무리는 동부 지역까지도 자유롭게 돌아다닐 수 있었다.

 아메리카 신대륙 발견은 맞는 말일까?

원주민들은 아메리카 대륙 전체에 걸쳐 국가와 공동체를 하나로 묶는 도로 체계를 만들어 땅에 지울 수 없는 흔적을 남겼다. 이 길은 단순한 사냥길이 아니라, 계절에 따라 이동하는 사람들이 따라갈 수 있는 명확한 길이었다. 이 도로는 미시시피강, 오하이오강, 미주리강, 컬럼비아강, 콜로라도강, 리오그란데강과 같은 주요 강줄기를 따라 이어져 많은 사람들이 오갔다. 일부는 해안을 따라갔다. 한 도로는 멕시코 서부의 도시 지역에서 알래스카 북부까지 태평양 연안을 따라 연결되었다. 그 도로의 한 갈래는 소노라 사막을 통과하여 콜로라도 고원까지 이어졌다.

남서부의 푸에블로 공동체에서 온 이동자들은 페코스강 지류를 따라 동쪽의 반건조 평원으로 향하는 길을 택했다. 다른 도로는 리오그란데 북부에서 캐나디언강과 시마론강을 경유하여 현재의 오클라호마 서부의 남부 평야까지 이어졌다. 그 수로를 따른 길은 남동쪽의 강을 따라가는 다른 길로 이어졌고, 멕시코 계곡을 향해 남쪽으로 향하는 도로와 연결되었다.

현재의 조지아와 앨라배마에 있는 무스코지 마을의 이동자들은 북쪽으로 도로를 따라 체로키 땅을 통과하고 동쪽 산을 넘어 오하이오강과 시오토강이 만나는 곳까지 갈 수 있었다. 거기에서 오하이오강, 미시시피강, 미주리강을 따라 로키산맥을 건너 컬럼비아강을 만나는 길을 따라 서부 해안에 도달할 수 있었다. 더 멀리 가면 강 하구의 대규모 인구 집중지에 도달할 수 있고, 태평양 연안 도로와도 연결될 수 있었다.

유럽인들이 이 대륙에 도착했을 때, 그들은 살기 좋은 환경이 원주민의 토지 관리에 따른 결과라는 사실을 인식하지 못하는 것 같았다. 일부 초기 정착민들은 대부분의 지역에서 나무 사이로 마차를 쉽게 움직일 수 있을 정도로 길이 잘 나 있었다고 말했다. 그들은 숲속의 넓은 공터, 잘 관리된 정원, 옥수수밭을 발견하고 놀라기도 했다. 그러나 그들은 수천 년 동안 원주민들이 무역, 사냥, 농업을 위해 도로를 만들고 공간을 개척했다는 사실을 인식하지 못했다. 의도적이든 아니든, 유럽인들은 그 땅을 '문명화된' 사람들이 없는 비어 있는 땅으로 취급했다.

1492년의 북미는 원시 황야가 아니었다. 그곳은 원주민 국가들의 네트워크, 옥수수의 민족이 이어져 있는 네트워크였다. 북미와 중남미 사람들 사이의 연결은 사람들이 만들어서 수천 년 동안 사용했던 길을 따라 중앙아메리카에서 북쪽으로 확산된 경로를 통해서도 드러난다. 예를 들어, 무스코지족과 체로키족은 모두 멕시코에서 혹은 멕시코를 통해 이주한 혈통이다. 체로키 역사가인 에밋 스타는 다음과 같이 썼다.

체로키족은 멕시코에서 탈출한 무스코지족보다 수백 년 앞서, 미주리강 어귀에서 북쪽으로 수 킬로미터 떨어진 언덕으로 표시된 미시시피강 하구를 돌아 건너갔다. …… 머스코지족은 아마도 아즈텍족이나 톨텍족, 혹은 9세기나 그 이전 세기에 북서부 부족의 침략으로 멕시코에서 쫓겨났을 것이다. 이는 크리크족이 오랫동안 유지해 온 관습과 제도에서도 알 수 있다.[2]

씨앗은 한 계절에서 다음 계절까지 씨앗 단지에 저장되었다. 입구의 작은 구멍 덕분에 쥐로부터 옥수수를 지킬 수 있었다. 푸에블로 출신의 펄 탈라치가 디자인한 이 현대적인 씨앗 단지에는 옥수수 묘목이 그려져 있다

옥수수와 관련된 전통은 북미 원주민 농업 지역 전역에서 이어지고 있다. 일부 전통은 멕시코 계곡의 전통과도 비슷하다. 이러한 전통은 공동체마다 다르지만 각각의 춤, 노래, 기도의 핵심은 옥수수에 대한 감사와 기념이다. '옥수수의 민족'들은 식민주의의 강한 영향에도 불구하고 여전히 서로 연결되어 있다.

식민지 이전의 북미에 대한 역사를 담은 이 책은 방황하는 신석기 사냥꾼과 사용되지 않은 광대한 땅을 이야기하는 '정착민-식민지 신화'에 대항한다. 원주민 문명은 발달한 농업과 정교한 통치 체계를 기반으로

이루어졌다. 우리는 유럽 침략 이전에 원주민들이 가졌던 복잡한 상호 관계를 이해할 필요가 있다.전 세계 원주민들이 주요 자원을 착취로부터 보호하기 위해 연대하는 방식으로 관계가 진화하고 있음도 이해해야 한다. 2016년과 2017년에는 6개 대륙의 원주민들이 함께 모여 수자원을 위협하는 파이프라인 건설에 저항했다. 그들은 '땅의 청지기' 정신으로 21세기까지 서로의 투쟁을 지원했다.

오늘날에도 원주민들은 여전히 지역 사회와 자원을 보호하는 데 열심이다. 주요 수자원을 위협하는 파이프라인을 막기 위해 노스다코타의 스탠딩 락에 모인 원주민들

정복 문화

유럽인들이 아메리카 원주민들을 처음 마주쳤을 때 무엇을 했는지 이해하고 싶다면, 1492년 이전 몇 세기 동안 유럽에서 무슨 일이 일어났는지를 아는 것이 도움이 된다. 유럽에서 서로 밀접히 관련된 몇 가지 변화는 유럽인들이 땅과 원주민을 바라보는 방식에 영향을 주었다. 그 변화에는 종교 전쟁, 토지가 사유재산이어야 한다는 생각, 백인 우월주의 개념, 금에 대한 열망이 포함됐다. 이것은 이후 아메리카 대륙의 식민지화를 설명하기 위해 제시된 종말론으로 발전했다.

어떻게 시작되었나?

아메리카 대륙을 식민지화한 유럽인들은 그들만의 풍부한 고대 문화를 갖고 있었다. 많은 유럽 사회는 부와 권력이 군주제, 귀족제, 가톨릭 교회에 집중되는 엄격한 사회·경제적 계급 구조를 발전시켰다. 이러한 영향력 있는 제도와 개인은 비유럽권의 사람들을 착취하고 공격하는 권력에 대한 탐욕과 욕망에 따라 움직였다.

유럽 사람들도 기독교를 접하기 전에는 다양한 종교를 믿었다. 이 종교들은 종교 의식에서 여성이 가질 수 있는 권력을 포함한 여러 면에서 기독교와 달랐다. 기독교는 유럽에서 수 세기에 걸쳐 영향력을 얻었고, 그동안 유럽 사람들이 믿어 온 오래된 종교를 추월했다. 고대 종교에서 기독교로의 개종은 유럽 전역에서 때로는 평화로운 설득, 때로는 정복을 통해 다양한 형태로 이루어졌다.

11세기에는 가톨릭 형태의 기독교가 유럽을 지배하는 종교였으며,

생각해 보자

'다른'은 '나와 같지 않음' 또는 '우리와 같지 않음'을 의미한다. 많은 사회 또는 사회 내의 집단은 우리(Us or We)로 식별되고 해당 집단 외부의 사람들은 그들(They or Them)로 간주한다. 한 집단 이상이 같은 자원을 원하거나 필요로 할 때, 문제가 될 수 있는 차이를 인식하는 것이 일반적인 인간의 반응이다. 그러면 집단은 차이를 강조하고, 이를 위협으로 간주할 수 있다.

이렇게 차이를 위협으로 간주하면 한 사회가 다른 사회를 비인간화할 수 있다. 이는 타인에 대한 폭력을 합리화하고 문화 파괴를 허용한다. 이것은 인류학자들이 말하는 정복 문화를 만들 수 있다. 정복 문화는 때때로 그 사회 내의 사람들을 향해 움직이기도 하고, 다른 대륙의 다른 국가나 집단을 향해 움직이기도 한다. 어떤 집단이나 사람을 비인간적이거나 위협적인 타인으로 몰아가는 식으로 말하는 것을 들은 적이 있는가?

교회 지도자들은 막강한 정치적 권력을 행사했다. 교황 우르바노 2세를 시작으로 교회 지도자들과 유럽의 군주들은 기독교를 최대한 극동 지역으로 전파하는 것을 목표로 했고, 그 과정에서 무슬림이 통제하는 무역로를 장악하려고 했다. 이 군사 출정은 이후 '십자군'이라고 불리며 기독교와 이슬람 간의 종교 전쟁으로 구도화했다.

그러나 역사는 교회와 유럽 통치자들의 궁극적인 목표가 단순히 기독교로 개종시키는 이상의 것, 즉 정복을 통해 부와 권력을 얻는 것이었음을 분명하게 보여준다. 십자군 전쟁에 참가한 대부분의 징집 군인은 농민이었다. 농민은 자신들이 사용하던 토지를 귀족이 모두 빼앗아 가난해질 수밖에 없었던 사람들이다. 그들은 군인으로 참전하면 무슬림 마을과 도시를 약탈할 권리를 갖게 되었기 때문에 고국에서 부와 명성을 쌓을 수 있었다.

13세기 말엽에 가톨릭교회는 유럽 내에서 '국내 십자군'이라고 부를 수 있는 일을 시작했다. 교회는 군인들에게 그들 내부의 적, 즉 교회 교리에 의문을 제기하거나 따르지 않는 사람들, 마녀로 의심되는 여성들과 일반 평민들을 진압하라고 지시했다. 이를 통해 기사와 귀족들은 토지를 점령하고, 그곳에 사는 평민들을 강제 고용할 수 있었다. 이러한 국내 십자군은 가난한 사람들을 공포에 떨게 하고, 유럽 전체를 기독교의 땅으로 바꾸는 일에 참여시켰다. 그리고 교회는 많은 평민 기독교인들을 자신들의 종교와 대의가 그들을 더 높은 존재로 만들어준다고 속였다. 그렇게 해서 그들은 우월감을 느끼며 병사로서 싸우게 되었다.

사유재산으로서의 토지

수 세기 동안 영국과 유럽 사람들은 누구도 소유하지 않은 넓은 땅에서 농작물을 재배하고 가축을 방목했고, 이러한 지역을 '공유지'라고 불렀다. 지역 사회의 모든 사람은 누구나 토지를 사용할 수 있었다. 사람들은 공유지에서 필요한 가축과 작물을 기르고, 남는 것들은 팔 수 있었다.

십자군 전쟁 동안 유럽 귀족들은 공유지를 차지하고 소유했다. 그렇게 해서 공유지는 모든 사람이 접근할 수 있는 땅에서 소유자의 허가 없이는 들어갈 수 없는 사유 재산으로 바뀌었다. 이것은 공동체의 구조를 완전히 변화시켰다. 이로 인해 지주 계급을 위해 일하고 이들을 위한 전쟁에 참여해야 하는 계급이 만들어졌다. 이후 영국에서는 공유지를 봉쇄하고 사람들이 그곳에서 사냥하거나 농작물과 가축 기르기를 금지하도록 법을 바꾸었다.

양모 산업은 영국 경제의 중심이었으며, 특히 16세기와 17세기에 매우 중요한 역할을 했다. 지주들은 공유지에서 빼앗은 땅에서 농민 계층의 노동자를 고용하여 대규모 양 떼를 키우고, 양털을 공장으로 보내 가공할 수 있었다. 모직 공장은 토지가 사유화되면서 쫓겨난 가족들을 노동자로 고용했다. 어른들과 아이들 모두 농장과 공장에서 죽도록 일해야 했지만, 임금은 형편없었다. 게다가 노동 조건은 열악하고 심지어 위험하기까지 했다.

많은 농민이 기독교로 개종했지만, 그들은 여전히 기독교 이전의 생활 방식을 지켰다. 이들은 생명을 지켜주는 역할을 맡은 치료사와 조산사 여성들을 존중했다. 그러나 일부 영향력 있는 사람들은 이 여성들의 지위를 훼손하기 위해 이들을 후진적이거나 사악한 사람들로 묘사했다. 또한 이 여성들이 주술을 행했다고 비난했다. 아이가 의문사한 경우에는 지역 사회의 누군가가 한 여성을 지목하여 그녀가 마법을 써서 아이를 죽였다고 비난하기도 했다. 마녀로 지목당한 사람들은 대개 가난한 농민 여성이었으며 간혹 과부들도 있었다. 이들을 비난한 사람들은 지

귀족들은 공유지를 사유화하여, 토지 소유주를 위해 일하는 것 외에는 생계를 이어갈 다른 방법이 없는 농민 계층을 만들었다

 아메리카 신대륙 발견은 맞는 말일까?

역 또는 중앙 정부와 관련된 부유한 계급이었고, 때로는 피해 여성의 집 주인이거나 고용주이기도 했다.

일부 트라우마를 갖게 된 서민들과 그 후손들은 땅에 대한 소유, 높은 지위에 대한 약속에 이끌려 광활한 바다를 건너는 정착민이 되었다. 그들은 현재의 버지니아와 매사추세츠 지역으로 마녀사냥의 관행을 가져왔다. 이곳에서 그들은 원주민을 '사탄의 자녀', '악마의 노예'로 불렀다. 이런 식으로 정착민들은 귀족들이 자신들을 공유지에서 쫓아낼 때와 거의 같은 방식으로 원주민들을 대하는 것을 스스로 정당화했다.

유럽과 아메리카 백인의 우월주의와 계급

십자군 전쟁 당시 가톨릭교회는 유럽 전역을 지배하는 정치 세력으로 자리잡았다. 대다수 인구가 이미 자발적 혹은 강제로 기독교인이 되었지만, 만족하지 못한 교회는 유럽의 유대인과 이슬람 교도에 눈을 돌려 자신들의 권력을 위협하는 존재로 여겼다. 이렇게 인지한 위협을 해결하기 위해 교회는 '옛 기독교인'에게 특권을 부여하고, 다른 종교에서 개종한 사람들을 배제하자는 생각을 했다. 그 생각은 '혈통의 순수함'으로, 즉 혈통으로 사람들의 조상을 나타내는 방식이었다. 교회 지도자들은 조상이 얼마나 오래전부터 기독교인이었는지에 초점을 맞추게 되었고, 기독교 혈통은 오래될수록 더 순수하고 깨끗하다고 믿었다. 이 개념은 개인과 전체 집단에 대해 부정하거나 불순하다고 판단할 수 있는 차별적 법률로 발전했다. 심지어 개종한 유대인과 무슬림, 그 후손들까지 불결한 것으로 간주했다.

'혈통의 순결'을 증명할 수 있는 기독교인은 극심한 가난 속에 살더라도 어느 정도 귀족과 동등한 지위를 주장할 수 있었다. 혈통의 순결이라는 개념은 유대인, 이슬람교도 및 기타 많은 사람들을 잔혹하게 박해하는 정당한 구실이 되었고, 박해는 종교 재판과 십자군 전쟁 동안 극에 달했다.

혈통이 부나 사회적 지위보다 더 중요하다는 생각은 밝은 피부를 가

사례를 보도했다. 그는 세 개의 DNA 샘플을 보내 자신, 아버지, 아들의 것이라고 표시했다. 사실, 두 샘플은 자신의 것이었고 다른 하나는 개의 타액이었다. 그러나 세 샘플에 대한 테스트 결과는 모두 12%는 아베나키, 8%는 모호크 혈통을 가진 것으로 나왔다. 심지어 개도 마찬가지였다! 그러니 DNA 검사는 거짓일 가능성이 매우 높다. DNA 검사는 신중하게 회사를 조사해야 하고, 대부분의 부족 국가에서는 시민권 결정에 DNA 검사 결과를 받아들이지 않는다는 사실도 참고해야 한다.

진 인종이나 백인이 어두운 피부를 가진 사람들보다 우월하기 때문에 사회의 지배층이 되어야 한다는 생각, 즉 '백인 우월주의'라는 잘못된 믿음의 기초가 되었다. 유럽 교회의 영향으로 기독교는 유럽인 그리고 밝은 피부색을 가진 사람의 종교로 여겨졌다. 밝은 피부색의 유럽 기독교인들은 다른 지역 정복에 관심을 가지게 되면서 자신들을 그곳 사람들보다 선천적으로 우월하다고 생각했다. 백인 우월주의에 대한 그들의 믿음은 자연스레 다른 민족을 그들의 노예로 삼거나 제거하는 것이 허용된다고 생각하게 했다. 기록된 역사를 통틀어 백인 우월주의의 주요 표적은 일반적으로 유대인, 무슬림, 기타 종교인, 그리고 기독교인이든 아니든 피부색이 어두운 사람들이었다. 아메리카 대륙에서 아프리카인들을 노예화한 것과 홀로코스트는 이에 대한 적절한 예가 될 것이다. 독일 나치와 그 동맹국은 수백만 명의 유럽 유대인을 다른 종교 및 소수 민족, LGBTQ(동성애자, 양성애자, 트랜스젠더, 성 소수자), 장애인 등과 함께 학살했다. 백인 우월주의는 오늘날 미국이라 불리게 된 국가의 원주민들에게도 유사하게 작용했다.

17세기 초에 영국인들은 아일랜드를 정복하고 약 2,000km^{2}의 땅을 정착지로 선언했다. 정착민들은 대부분 서부 스코틀랜드 출신이었다. 영국은 이미 웨일스와 스코틀랜드를 정복했지만, 아일랜드 정복은 가장 많은 원주민을 정착민으로 대체하려는 시도였다.

이러한 과정에서 영국인들은 고대 아일랜드 사회체계를 무너뜨리기 시작했다. 그들의 전통 음악을 금지했고, 부족 전체를 몰살시켰으며, 생존자들을 잔인하게 학살했다. 16세기 아일랜드 먼스터 지방의 관리였던 험프리 길버트 경은 다음과 같이 명령했다.

> 죽은 자들의 머리를 잘라내어 내가 밤에 진을 쳤던 곳으로 옮기고, 머리를 양쪽 길가에 늘어놓아 내 텐트로 오는 사람은 반드시 그 사이를 지나게 하도록 하라. 이것은 공포를 조성하기 위한 것이다.…… 사람들이 그들의 아버지, 형제, 자녀, 친척, 친구들의 잘려진 머리를 보았을 때 큰 두려움을 느끼게 하기 위함이다.[1]

아일랜드를 식민화할 때 당시 얼스터 지역의 아일랜드인들을 잔혹하게 학살했던 길버트 경은 1583년 여름, 북미 뉴펀들랜드에 있는 최초의 영국 식민 정착지의 책임자로 임명되었다.

무슬림에 대한 기독교 십자군 전쟁과 영국의 아일랜드 침공에서 '종교' 전쟁은 대량 학살로 쉽게 변질되었다. 핵심은 한쪽이 다른 쪽을 인간 이하, 적절한 대우를 받을 가치가 없는 사람으로 몰아가는 것이었다. 두 전쟁 모두에서 한쪽은 다른 쪽을 정신적으로나 생물학적으로 열등한 존재로 여겼다. 19세기 영국의 일부 과학자들은 다윈의 사상을 왜곡하여 아일랜드인과 유색 인종이 유인원의 후손이라는 개념을 퍼뜨렸다. 반면에 영국인은 하나님이 자신의 형상을 따라 창조한 인간의 후손이라고 주장했다. 즉 그들의 논리대로라면 영국인만 인간이고, 다른 사람들은 아니었다. 그렇게 백인 우월주의로 세계와 민족을 보는 방식은 정치적, 종교적 사상과 합쳐졌다.

황금에 대한 열정

역사적으로 정복을 통해 권력과 부를 획득한 사례는 수없이 많다. 영국과 유럽의 귀족 계급은 농작물과 가축을 기르던 공동체의 공유지를 차지하여 영구적인 빈곤 계층을 만들었다. 그런 결과로 영국인과 유럽인 대다수는 소수의 부유한 사람들에게 고용과 생존을 의존하게 되었다. 당시 지주 계급은 이용 가능한 모든 자원을 통제해 많은 이들을 몸과 노동 능력 외에는 가진 것이 없는 노예 상태로 만들었다.

양모와 같은 일부 자원은 따뜻한 옷을 만들 수 있는 실제 가치가 있었고, 다른 물품도 거래에 사용할 수 있었다. 어떤 자원은 사회에서 가장 강력한 힘을 가진 이들이 그 가치를 결정했다. 예를 들어, 금은 너무 무르기 때문에 농사나 건축 도구로 사용할 수 없다. 금의 가치는 권력자들에 의해 만들어졌다. 권력자들은 금을 자신들의 부를 과시하기 위한 장식과 화폐로 사용했다. 그들은 점점 더 많은 금을 원했다. 이러한 '황금 열풍'은 군주와 부유한 사람들이 금을 찾기 위한 식민지 개척 사업을 추진하도록 만들었다. 가장 유명한 예는 스페인의 페르디난드 왕과 이

사벨라 여왕의 지원을 받은 콜럼버스의 항해일 것이다.

콜럼버스는 1492년 첫 항해에서 현재 아이티와 도미니카 공화국으로 나누어져 있는 히스파니올라섬에 약 40명의 사람들과 남아 식민지를 건설했다. 그는 금과 자신이 노예로 삼았던 아라와크족 사람들을 배에 싣고 스페인으로 돌아왔다. 다음 해에 그는 17척의 배와 1,000명의 사람들을 데리고 다시 그 섬으로 갔다. 그곳에서 아라와크족이 섬을 식민화하기 위해 콜롬버스 쪽이 남겨둔 사람들과 싸워 이겨 그들을 모두 죽였다는 것을 알게 되었다. 그는 다시 정착민을 남기고 이번에는 노예로 삼을 400명의 아라와크족을 납치해 스페인으로 돌아갔다.

1494년, 스페인과 포르투갈의 군주들은 가톨릭교회의 교황과 함께

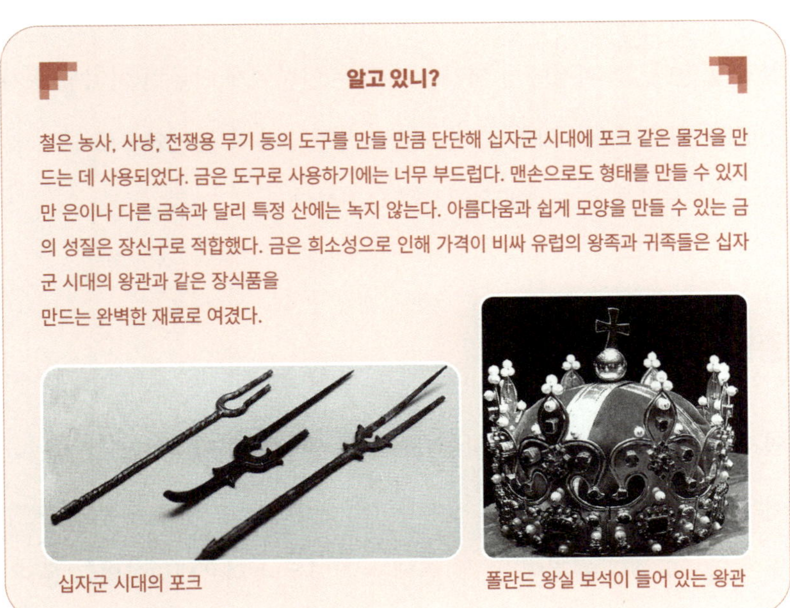

알고 있니?

철은 농사, 사냥, 전쟁용 무기 등의 도구를 만들 만큼 단단해 십자군 시대에 포크 같은 물건을 만드는 데 사용되었다. 금은 도구로 사용하기에는 너무 부드럽다. 맨손으로도 형태를 만들 수 있지만 은이나 다른 금속과 달리 특정 산에는 녹지 않는다. 아름다움과 쉽게 모양을 만들 수 있는 금의 성질은 장신구로 적합했다. 금은 희소성으로 인해 가격이 비싸 유럽의 왕족과 귀족들은 십자군 시대의 왕관과 같은 장식품을 만드는 완벽한 재료로 여겼다.

십자군 시대의 포크

폴란드 왕실 보석이 들어 있는 왕관

콜럼버스가 발견한 소위 '신세계'를 두 나라 사이에 나누는 조약을 맺었다. 그렇게 해서 그린란드 남쪽에서 지금의 브라질을 통과하는 선이 그어졌다. 그 선 서쪽의 세계는 스페인이 정복해서 소유할 수 있고, 동쪽의 모든 곳은 포르투갈이 정복할 수 있다고 주장했다.

콜럼버스는 금에 대한 열망으로 두 번 더 항해를 떠났다. 바스코 누녜스 데 발보아, 후안 폰세 데 레온, 에르난도 코르테스, 페르디난드 마젤란과 같은 사람들도 비슷한 항해를 한 것이 잘 알려져 있다. 이들은 모두 '용기 있는 탐험가' 또는 '용감한 정복자'로 칭송되지만, 그들의 주된 동기는 엄연히 탐욕이었다. 이들은 원주민과 전쟁을 벌인 일부 지역에서 금과 은을 빼앗기 위해 장인들이 만든 웅장한 조각상과 예술품을 파괴하기도 했다. 탐험가와 정복자 모두 궁극적으로 필사적으로 금을 찾고 있었다. 그 과정에서 저지른 파괴는 인류에게 아무런 이익을 주지 못했다. 그러나 당시에는 그것을 절대적인 탐욕과 잔인함으로 보지 않았고, 그 시각은 오늘날에도 여전히 그러하다.

종말 이야기

역사가들은 유럽인이 북미 원주민의 땅을 완전히 식민지화할 수 있었던 이유를 두 가지로 설명한다. 첫째는 원주민이 유럽인의 우수한 군사 작전에 압도당했다는 것이다. 두 번째는 천연두나 디프테리아와 같은 유럽인이 가져온 질병으로 인해 원주민 인구가 급감했다는 것이다. 이러한 이론들은 때때로 '종말 이야기'라고 부른다. '종말'이라는 단어는 원주민 국가와 그곳에 사는 사람들이 유럽인에 의해 완전히 제거되었다는 인식을 의미한다. 그러나 사실은 그렇지 않다. 군사 작전과 질병은 원주민에게 치명적인 영향을 미쳤지만, 원주민을 멸종시키려는 노력은 성공하지 못했다. '종말 이야기'는 미국이 건국되기 전에 식민지 개척자와 원주민 사이의 갈등이 300년 동안이나 지속된 이유를 설명하지 못한다. 그들은 왜 건국 이후 미국 군대가 100년 넘게 원주민을 상대로 전투를 벌였는지, 그리고 어째서 오늘날까지도 미국 법원에서 이에 대한 분쟁이 계속되는지도 설명하지 않는다.

유럽 식민지 개척자들은 아메리카 대륙에서 아일랜드, 아프리카, 아시아에서 사용했던 전략을 사용했다. 유럽 정부는 한 원주민 민족을 다른 원주민 민족과 경쟁시키곤 했다. 특히 효과적인 또 다른 전략은 원주민 무역 네트워크를 붕괴시켜 식량 부족과 배고픔을 겪게 하는 것이었다. 이로 인해 일부 원주민 공동체는 식민지 개척자에게 보급을 의존하게 되었다. 물론 노골적인 폭력도 마찬가지다. 유럽군은 자주 원주민을 공격했다.

유럽인의 모든 정복 시도와 공격에도, 원주민은 땅과 자원을 차지하기 위한 500년 이상의 전투에서 살아남았다. 오늘날 연방 정부가 인정한 500개 이상의 원주민 국가가 지금까지 존재하는 것은 이들이 자신의 국가, 조국, 가족을 보호하기 위해 싸워 이룬 엄연한 성공의 증거다.

1492년 이후 신세계라고 불리는 땅으로 이동한 유럽인의 대다수는 공유지가 사유지로 바뀌면서 쫓겨난 가족들이었다. 이들은 땅과 금 등에 대한 부를 갈망했고, 스스로를 백인이며 기독교인이라는 이유만으로 원주민들보다 우월하다고 믿었다. 그들의 후손들은 자신의 행동을 정당화하기 위해 원주민의 멸망에 관한 '종말 이야기'를 계속 발전시켰다. 하지만 원주민들과 그 후손들은 자신의 고향에 대한 침략과 수 세기에 걸친 식민지 개척자들의 파괴와 착취에 끊임없이 저항했다.

오늘날, 그들은 개인으로서 그리고 주권을 가진 민족으로서 지속되는 트라우마와 정복의 결과 그리고 '종말 이야기'에 맞서 목소리를 내고 있다. 자신의 몸, 예술, 그리고 언어로 우리가 알고 있는 것들과는 전혀 다른 이야기를 전하고 있다.

3장

계약의 이단

이 장에서는 북미 대륙에 영구적으로 정착한 영국 식민지 주민들의 종교적, 철학적 기반을 살펴본다. 처음 두 개의 식민지는 각각 독립적이지만 유사한 종교 집단인 순례자와 청교도에 의해 만들어졌다.

그들은 신과 맺은 계약*으로 인해 '신세계'에 '신성한' 사회를 만들어야 한다고 믿었다. 이들은 종교적

> **★ 계약**
> 법률에서 계약은 특정 일을 하거나 하지 않기로 동의하는 사람 혹은 집단 간의 계약, 기타 합의를 말한다. 그들은 또한 계약 조건이 충족되지 않으면 어떻게 되는지에 동의한다. 종교적 맥락에서의 계약은 신자 집단이 자신들의 신이 그들과 맺었다고 느끼는 합의를 의미한다. 예를 들어 유대교, 기독교, 이슬람교는 모두 하나님과 사람 사이에 맺어진 계약을 말한다.
>
> **★ 이단**
> 종교적 맥락에서 이단(cult)은 주류 신학에서 벗어난 신념 체계에 전념하는 소규모 집단의 사람들을 가리킨다. 예를 들어, 케이프코드를 식민화한 순례자들의 신앙은 당시 천주교 및 지배적인 개신교와 반대 견해였기 때문에 개신교 기독교 이단으로 간주한다. 하지만 자신의 체계를 확고히 믿는 이단은 일반적으로 이단이라고 생각하지 않는다.

가르침에 대해 과도하게 얽매어 있어 그들을 이단*으로 보는 것도 무리는 아니다.

원시적 자연의 신화

유럽에서 식민지 개척자들이 처음 도착했을 때, 북미는 어떤 모습이었을까? 대부분 소수의 원시적인 인간들이 사는 녹색 황야로 상상하거나 혹은 아예 사람이 없는 상태를 상상하기도 한다. 그 이미지는 아마도 순례자나 청교도를 다룬 그림과 영화로부터 영향을 받았을 것이다. 그 이미지 속에서 그들은 기도하는 모습으로 등장하곤 한다. 기독교《성경》에는 그들이 어떻게 그 광야로 가게 되었는지를 일러 주는 한 구절이 있다. "네가 보는 온 땅을 내가 너와 네 자손에게 영원히 주리라." (창세기 13:15, 제임스왕 번역본).

그러나 이러한 이미지는 당시 존재하던 도로, 도시, 마을, 그리고 교역 네트워크의 존재를 포함하지 않는다. 2장에서 살펴 보았듯이 원주민들은 마을, 농장, 대규모의 흙 둔덕, 도로망을 만들었고, 현대 세계에 버금가는 복잡한 형태의 정부를 만들었다. 그들은 정교한 정치 철학과 외교 전통, 국제 관계 정책을 발전시켰고, 아메리카 대륙의 육지와 수로를 가로지르는 도로를 따라 무역을 했다. 역사가들은 유럽인들이 도착하기 전부터 북아메리카의 육지와 수로는 이미 많은 마을들로 구성되어 있었다고 말한다. 실제 북아메리카는 여러 국가 그리고 국가 간 동맹이 존재하던 대륙이었다. 실제로 일부 역사가들이 북아메리카를 '마을들의 대륙'[1]으로 부른 것도 이런 이유였다.

그러나 유럽 식민지 개척자들의 사고에 깊이 배어 있는 '발견의 교리'는 기독교인들에게 그들이 보는 땅은 모두 차지할 수 있다는 확신을 주었다. 자신들의 신이 그들에게 모든 땅과 자원에 대한 지배권을 주었다고 믿은 것이다. 그들의 눈에 그 땅은 사람이 살지 않는 광야였을 뿐이다. 이러한 생각은 신화처럼 수백 년 동안 반복되어 온 미국 기원 이야기의 기초가 되었다.

하지만 정말로 북아메리카가 개발되지 않은 황야였다면, 유럽 정착민들은 살아남지 못했을 것이다. 그들은 유럽에서 멀리 떨어진 식민지를 유지할 수 있는 재정적 자원, 기술, 사회 조직이 턱없이 부족했다. 식민지 개척자들의 생존은 원주민으로부터 무엇을 배울 수 있는지, 그리고 무엇을 얻을 수 있는지에 달려 있었다. 그들은 옥수수, 호박, 담배와 같이 원주민들이 길들여 온 식물 재배법을 배웠다. 또한 그들은 물과 약초와 같은 필수품을 현지 원주민의 도움으로 찾을 수 있었다. 그러나 식민지 개척자들은 이미 경작되고 있는 농지를 원주민들로부터 빼앗았고, 원주민 공동체가 개간하여 관리하던 사슴 사냥터를 장악했다. 그리고 원주민들이 만든 육로와 수로로 이동했으며, 원주민과 유럽 국가들의 전쟁에서 군대를 이동시키는 데에도 그 길을 사용했다.

유럽의 식민지 개척자들은 '자연 그대로의 황야'에서 살아남는 데 필요한 기술은 부족했지만, 다른 사람들의 땅을 정복하는 솜씨와 기술은 뛰어났다. 이에 대해 역사가 프랜시스 제닝스는 이렇게 썼다.

그들이 정착한 곳은 미개척지가 아니었다. 그들은 침입자로서 이미 그곳에 살고 있는 사람들을 쫓아냈다. 이것은 너무나 단순한 사실로, 따로 증명할 필요조차 없다.[2]

이러한 침입과 강제 이주는 결코 자연스레 발생한 것이 아니었다. 종교와 문화에 기반한 그들의 관념이 눈앞에서 벌어지는 일들을 정당화하고 장려하는 역할을 했다.

칼빈주의 기원 이야기

1620년 11월, 케이프 코드 해변에 상륙한 유럽인들은 기독교 개혁가인 존 칼빈(John Calvin)의 가르침에 따른 세계관을 가지고 있었다. 칼빈은 당시 유럽을 지배했던 종교 교리에 반대했다.
칼빈의 주요 이론은 다음과 같다.

■ 인간은 자유 의지가 없으며, 스스로 삶의 방향을 결정할 수 없다. 일어나

는 모든 일은 하나님의 뜻이다.

- 인간의 구원은 하나님께서 이미 결정하여 예정되어 있고, 이 땅에서 행한 행위와는 아무런 상관이 없다.
- 어떤 사람들은 하나님의 '부름을 받아' '선택된 자'가 된다.
- 하나님의 뜻에 따라 인간은 선택받은 사람 또는 선택받지 않은 사람으로 태어난다.
- 물질적 행운, 특히 부는 하나님 은혜의 표시다.
- 합법적인 권위에 동의하지 않더라도 순종하는 것은 '선택받은 자'임을 나타내는 징표다.
- 불운, 가난, 반항적인 태도는 모두 저주받았음의 증거다.

칼빈주의자로서 순례자와 청교도들은 확신할 수는 없었지만 자신은 신이 인간의 구원을 위해 '선택한 소수자'들이라고 생각했다. 그들은 믿음이 없는 원주민들과 같이 살지 않을 생각이었고, 자신들의 종교를 실천할 새로운 장소를 만들라는 '신의 부름'을 받았다고 믿었다. 두 집단은 모두 '신세계'를 그렇게 보았다.

1620년 메이플라워호가 케이프 코드에 도착했을 때, 선원 중 41명이 식민지 운영 방식에 대한 합의서를 작성했다. 선원들과 동료 승객들은 메이플라워 협약을 신의 이름으로 다음과 같이 선언했다.

- ■ 영국 왕의 충성스러운 신하이며
- ■ 북미 '첫 번째 식민지'의 구성원이며
- ■ 복종을 약속한 '정의롭고 평등한 법'에 의해 통치받음을 맹세하는 계약.

10년 후인 1630년, 매사추세츠만 식민지가 청교도들에 의해 설립되었다. 이 식민지에는 두 가지 목적이 있었다. 첫 번째 목표는 식민지에서 생산되는 상품의 무역을 활성화하는 것이었다. 그러나 식민지는 영적인 문제에 반대되는 견해를 허용하지 않는 청교도의 종교적 공동체를 의미했다. 청교도들은 식민지의 공식 인장에 있듯이 원

1672년경, 매사추세츠만의 식민지 인장

주민을 구원할 수는 없지만, 그들을 여전히 도움이 필요한 대상으로 보았다. 이러한 관점은 식민지의 공식 인장(Seal)에서도 드러난다. 원주민은 허술한 활과 화살을 든 벌거벗은 남자가 "와서 우리를 도와주세요!"라고 간청하는 모습으로 그려졌다.

순례자들에게 미국 건국에서 오늘에 이르기까지 사람과 하나님의 계약이라는 개념은 지속되어 왔다. 사실 이것은 미국의 충성심에 대한 기초가 된다. 독립 선언서, '건국의 아버지' 기록, 미국 헌법과 수정헌법 제1조와 제2조, 링컨의 게티즈버그 연설, 충성 계약 등은 모두 1620년

메이플라워 협약에서 처음으로 표현된 '계약' 개념에 기반하고 있다. 메이플라워 협약에 서명한 사람들은 새로운 땅에서 삶을 시작하기 위해 '하나님 앞에서 모두 계약과 결속'에 동의했다. 1776년 독립 선언문에 서명한 사람들은 '하나님의 섭리의 보호에 굳건히 의지'하여, '우리의 생명, 재산, 그리고 신성한 명예를 서로에게 맹세'할 것을 선언했다. 그로부터 87년 후, 남북 전쟁 중에 링컨 대통령은 게티즈버그 연설에서 미국을 만든 계약을 "이 나라는 하나님 아래 자유의 새로운 탄생을 맞이하게 될 것이다. 그리고 국민의, 국민에 의한, 국민을 위한 정부는 이 땅에서 결코 사라지지 않을 것이다"라고 다시 강조했다. 미국 헌법은 하나님이나 계약을 구체적으로 언급하지 않지만 "우리 미국 국민", "더 완벽한 연합"이라는 문구를 통해 순례자들이 하나님과 맺었다고 믿었던 계약

매사추세츠만 식민지의 공식 인장에 있는 남자는 몸을 몇 개의 나뭇잎으로만 가리고 있는 모습으로 그려져 있다. 원주민과의 첫 만남부터 현재까지 유럽인들은 원주민을 거의 옷을 입지 않는 사람으로 그려왔다. 종종 한겨울에도 거의 벌거벗은 사람으로 그려 그들을 무지하거나, 추위에 무감각하거나, 동물적으로 묘사했다. 이것은 논리에 맞지 않는다. 이와는 반대로 북미 유럽인들은 무더운 여름에도 옷을 갖추어 입은 모습으로 나타냈다.

원주민과 이들의 물질문화에 대한 많은 이미지는 주로 옷, 도구, 무기, 집에 초점을 맞추고 있다. 이는 어느 문화에서나 눈에 띄는 특징이지만, 더 중요한 눈에 보이지 않는 측면도 있다. '아메리카 대륙'이라고 불리게 된 지역의 원주민들은 자치 국가의 시민이었다. 유럽인들이 만든 인장에 있는 것과 같은 원주민 이미지는 우리가 그들을 제대로 보고, 알고, 이해하는 데 어떤 식으로 영향을 미칠까?

과 매우 유사하게, 기념비적인 목표를 향해 서로 다른 주들을 하나로 합치기로 합의했다는 것을 의미한다.

미국의 건국 신화에서 이러한 계약 관련 내용들은 신성한 지위를 갖는다. 사람들은 이들을 존경스레 말하고, 학생들에게 주요 구절을 암기하고 낭독하도록 교육하기도 한다.

헌법 수정 제1조에서 미국은 법적으로 교회와 국가를 분리해두고 있기 때문에 이런 문서들을 신성하다고 언급하는 것은 불편하게 느껴질 수도 있다. 그러나 기독교 신을 언급하는 문서가 너무 많아 분리가 명확하지 않은 듯하다.

미국의 국가 정체성에는 미국이 지구상 어떤 국가와도 다르게 만들어졌다는 믿음이 담겨 있다. 역사학자들과 법학자들은 미국을 '법치 국가'라고 부른다. 이는 아메리카 대륙을 식민지로 삼았던 유럽의 군주국들과는 달리 미국은 특정 계급이나 이익집단의 지배를 받아서는 안 된다는 뜻이다. 많은 정치인들과 시민들이 '미국 예외주의'를 자랑스럽게 이야기한다. 그들은 과거와 현재를 통틀어 미국의 역사와 사명은 전 세계 다른 국가보다 독특하고 우월하다고 여긴다. 이러한 예외주의 이데올로기는 그들이 대륙을 차지하고 나머지 세계의 지배를 정당화하기 위해 처음부터 사용되었다. 그것은 미국이 다른 나라를 침략하는 것은 그들을 구출하기 위한 거라는 주장에서 분명하게 드러나며, 이러한 주장은 오늘날까지도 이어지고 있다.

이 '법치 국가'는 흔히 '이민자의 국가'로도 불린다. 미국과 미국 시민은 건국 초기부터 외국인들을 원주민이 '제거'된 땅으로 오도록 환영하고, 권유하고, 뇌물을 주고, 강제로 이주시키기까지 했다.

미국은 이 법치 국가의 공식 시민이 될 수 있는 방법을 일부 만들었다. 시민권 절차에는 미국에 대한 충성 귀화 서약이 포함되며, 내용 중 일부는 다음과 같다.

나는 미국의 헌법과 법률을 국외, 국내의 모든 적에 대항해 지지하고 방어할 것이다. 이에 나는 참된 믿음과 충성을 지킬 것이다. 나는 법이 요구하는 경우, 미국을 대신하여 무기를 들 것이다. 법이 요구하는 경우, 미국 군대에서 비전투 복무를 수행할 것이다. 또 법이 요구하는 경우, 민간 분야에서 국가적으로 중요한 업무를 수행할 것이다. 나는 이 의무를 주저하거나 회피할 의도 없이 기꺼이 받아들일 것이다. 신이여, 나를 도우소서.[3]

이 서약을 하는 이민자들은 계약에 대한 충성을 맹세하는 것이다. 이론적으로 귀화 시민은 미국에서 태어난 시민과 동등한 지위를 갖는다. 그들 역시 자신이 특별한 존재라고 믿으며, 법이 자신을 보호해 줄 거라고 믿는다.

그러나 역사의 기록은 그렇지 않다는 것을 말해 준다. 예를 들어, 이탈리아인, 독일인, 일본인 같은 특정 이민자 집단은 귀화한 시민이라도 종종 충성심을 의심받고 부족하다는 판정을 받았다. 이들의 판정을 통과한 사람들은 대부분 신의 말을 믿고, 자신들이 차지할 땅을 위해 싸우며 원주민의 피를 뿌린 캘빈주의 식민지 개척자들의 후손이었다.

정착민 식민주의와 얼스터 스코틀랜드

영국의 북아메리카 원주민 땅의 식민지화는 북아일랜드 얼스터 지방의 식민지화에서 예고되었다. 1600년대 초, 영국인들은 아일랜드 농부들로부터 약 2천km^2 이상의 땅을 빼앗고 그들을 몰아낸 후, 그 땅을 영국의 보호를 받게 될 정착민들에게 개방했다. 영국 왕실은 얼스터의 원주민 아일랜드인들을 침략하고 쫓아 내기 위해 이미 식민지화한 스코틀랜드에서 신병을 모집했다.

스코틀랜드인 대부분은 칼빈의 이념을 받아들인 개신교인이었다.

계약 노동과 노예 제도의 차이에 대해 알아 보자.

버지니아나 다른 식민지로 가기 위해 필요한 돈이 부족한 사람들은 계약 노동자가 되는 선택을 할 수밖에 없었다. 그들이 고용주의 도움을 받아 대서양을 건너는 대가로 급여 없이 일하기로 계약을 체결하는 것이다. 반면에 노예가 된 사람들은 자신의 의지와 상관없이 납치되어 감금되었다. 이들은 계약에 합의하지 않았고, 식민지로 가는 것을 선택하지도 않은 사람들이었다.

계약을 맺은 노동자는 정해진 기간 동안 고용주를 위해 일하기로 동의했으며, 그 후 계약이 종료되면 자유롭게 다른 일자리를 찾을 수 있었다. 일부 계약에는 계약 기간이 끝나면 재산이나 기타 물품을 받을 수 있다는 약속도 포함되어 있었다.

하지만 노예화는 평생 지속되도록 의도된 것이었다. 계약 노동은 후대로 이어지지 않지만, 노예에게서 태어난 자녀는 노예가 되었다. 계약을 맺은 노동자는 몇 가지 법적 보호를 받았다. 도망친 계약 노동자는 계약 위반에도 재산으로 간주되지는 않았다. 반면에 노예는 법적 보호를 받을 수 없었으며, 재산으로 간주되어 사고팔 수 있었다.

기록에 따르면 계약을 맺은 노동자들은 가혹한 대우를 받았고, 계약을 어긴 경우에는 심한 처벌을 받았다. 노예가 된 사람들은 좋은 환경에서 생활하지 못했다. 이들 역시 가혹한 대우를 받았고, 위험한 탈출 외에 이로부터 벗어날 수 있는 방법은 없었다.

이던 아일랜드에서 영국이 제국을 확장하려는 목표를 향한 발판을 마련했다. 18세기 초에 많은 수의 얼스터 스코틀랜드들인(또는 스스로 '스코틀랜드-아일랜드인'이라고 부르기도 했다)과 그 후손들은 고향을 떠나 대서양을 건너 영국의 북미 식민지로 향했다. 그들 중 일부는 종교적인 이유로 아일랜드를 떠났지만, 대부분은 아일랜드의 양모 및 리넨 산업에 경제적 파탄을 가져온 비참한 영국 정책의 희생자였다. 게다가 장기간의 가뭄으로 상황은 더욱 악화되었다. 현금이 부족한 얼스터 스코틀랜드 사람들 중 상당수는 식민지까지 가기 위한 여비를 마련하기 위해 계약 노동자가 되었다. 이는 이동 비용을 내줄 사람을 위해 일정 기간 동안 일하기로 동의하는 것이었다.

이 얼스터 스코틀랜드인들은 북미 개척 정착민의 핵심 집단이 되었다. 그들은 아메리카 대륙에서 원주민을 만나기도 전부터 이미 토지를 차지하기 위해 아일랜드 원주민과 싸웠으며, 아일랜드인 희생자들의 머리를 잘라 현상금을 받는 기술까지 익혔다.

얼스터 스코틀랜드인들은 영국 식민지에 도착한 후 원주민 민족의 본거지인 펜실베이니아와 여러 원주민 국가들의 땅이었던 다른 영국 지배 지역에 정착했다.

얼스터 스코틀랜드인은 단순한 정착민이 아니었다. 즉 무장을 겸한 정착민이라는 뜻의 '정착민-군인'이 더 정확한 표현이다. 그들은 원주민으로부터 땅을 빼앗기 위해 아일랜드인에게 사용했던 똑같은 폭력적인 방법을 사용했다. 그러나 현대의 후손들은 그들의 용기에 관해서만 이야기할 뿐이다. 예를 들어, 루즈벨트는 자신의 스코틀랜드계 아일랜드인 조상들을 "서쪽으로 진출한 개척민 중 선구자적 역할을 한, 엄숙하고 정력적이며 대담하고 강인한 사람들"[4]이라고 말했다.

원주민들이 침략에 강하게 맞서 저항하면서 땅을 둘러싼 싸움은 계속 늘어났다. 많은 얼스터 스코틀랜드인은 싸움을 지속하며 군인과 정규군 장교가 되었다. 그들은 원주민 농부들을 몰살시키고 마을을 파괴한 후, 정착지를 만드는 전방의 민병대에 합류했다.

그렇게 해서 얼스터 스코틀랜드인 중 일부는 부유하고 강력해졌다. 일부는 사업체를, 일부는 노예가 된 아프리카인들이 일하는 농장을 소유했다. 그러나 영국으로부터 독립 전쟁이 있기까지 많은 사람에게 전쟁은 수십 년 동안 삶의 중요한 부분이었다. 예를 들어, 얼스터 스코틀랜드인은 영국과 프랑스의 식민지 쟁탈 전쟁에서 영국군과 함께 프랑스 측 '원주민' 동맹국에 맞서 싸웠다. 영국과 프랑스의 전쟁은 대부분 유럽에서 치러졌지만, 이 전쟁은 북미의 프랑스와 영국 식민지로 번져 나갔고 대부분의 전투는 양측의 원주민 동맹으로 이루어졌다.

미국 독립 당시 상당수의 얼스터 스코틀랜드인은 도시와 마을에서 동떨어진 식민지에 살았다. 영국으로부터 정착민 독립을 위한 전쟁 중에 얼스터 스코틀랜드인들은 투쟁의 최전선에 서서 조지 워싱턴 군대의 핵심을 형성했다.

영국으로부터의 독립을 위한 전쟁이 끝난 후 처음 20년 동안 많은 얼스터 스코틀랜드인 1세대와 2세대는 서쪽 오하이오 밸리, 서부 버지니아, 켄터키, 테네시로 이주했다. 실제 그들은 서부 이주 집단 중 가장 규모가 컸다. 많은 사람이 영구적으로 정착하기까지 여러 차례 토지를 얻었다 잃기를 반복했다. 얼스터 스코틀랜드 정착민은 주로 숲을 개간하고 통나무집을 짓는 농부였다. 그들은 원주민 농장, 정원, 마을을 파괴하고 남녀노소를 가리지 않고 죽였으며, 그들의 땅과 식량 저장고를 빼앗았다. 하나님을 두려워하는 이 칼빈주의자들은 새로운 미국을 위해 식민지의 벽을 쌓았다.

얼스터 스코틀랜드인은 미국의 지리뿐 아니라 정치적 지도력을 형성하는 데에도 핵심적인 역할을 했다. 1829년 앤드류 잭슨을 시작으로 로널드 레이건, 부시 가문, 빌 클린턴, 버락 오바마 등 미국 대통령 17명이 이 얼스터 스코틀랜드 혈통을 이어 왔다. 얼스터 스코틀랜드인들은 대통령, 교육자, 사업가로 봉사하는 것 외에도 미국 주류 문화에 칼빈주의의 개인주의 가치를 깊숙이 심었다. 그들은 자신을 새로운 약속의 땅을 건설하기 위해 광야로 나가도록 신에 의해 선택되고 명령받은 '계약의 백성'으로 여겼다. 이 정착민 군인들은 21세기 미국 군국주의*의 기초를 형성한 전쟁에 대한 접근방식을 완성했다. 얼스터 스코틀랜드인들은 자신과 그 후손들을 피의 희생을 통해 독립과 원주민 땅에 대한 자격을 얻은 진실하고 진정한 애국자로 여겼다. 반면 원주민들은 대륙을 횡단하며 이들이 남긴 피의 발자국을 지나갔다.

신성한 땅이 부동산이 되다

오늘날까지도 원주민들에게 그곳의 토지와 자원은 '고향'이며 그것을 공유하는 사람들의 공공재로 존재한다고 여겨지고 있다. 원주민 이야기에 나오는 특정 장소나 조상이 묻혀 있는 무덤 같은 특정 장소는 모든 원주민 민족에게 영적 또는 종교적 의미를 가진다. 사람들은 이들 장소를 신성시하고 존경심으로 대한다.

유럽인들은 북미의 땅과 정신적인 관계가 없다. 그들에게 토지란 오로지 개인의 이익을 위해 손에 넣고 판매하는 상품일 뿐이었다. 식민지에서 토지 대지주, 농장 소유주, 성공적인 사업가가 된 사람들은 주로 그러한 부유한 유럽인들이었다. 그들은 또한 새롭게 탄생한 미국 공화국의 주요 의사결정자가 되었다. 얼스터 스코틀랜드인들은 토지 소유자로서 스스로를 부유하게 여기고, 그들이 통치할 왕국을 갖고 있다고 생각했다. 그러나 사실 그들은 지배 계층이 아니라 대다수 북미 제국이 형성되는 과정 속에 전선에서 싸운 병사들에 불과했다.

그들이 토지를 소유할 수 있다는 것은 이 새로운 국가가 계급이 없는 민주적인 사회처럼 보이게 했다. 유럽 혈통의 사람들에게 미국의 사회 계급 구분은 유럽보다 확실히 더 유연했지만, 미국도 완전히 계급이 없는 사회는 아니었다. 실제로 계급은 매우 중요한 문제였다. 최초의 얼스터 스코틀랜드 정착민의 후손 중 일부는 국가가 성장함에 따라 지배 계층에 편입될 수 있었다. 그런 경우, 이들은 칼빈주의 교파를 버리고 영국 국교회와 연결된 엘리트 교회의 회원이 되었다.

식민지 개척자들은 토지에 대한 원주민 방식의 생각을 철저히 무시하고, 모든 땅과 자원을 소유와 이용 대상으로 여겼다. 이들은 비록 피를 흘릴지라도 신이 자신들에게 그 땅을 차지하라 했다고 믿었다.

하나님과 선택받은 사람들 사이의 신성한 계약으로 형성된 사회라는 생각은 오늘날에도 미국의 예외주의 개념 속에 살아 있다. 즉, 미합중국은 지구상 그 어떤 나라와도 다른 운명을 가졌고 '하나님 아래' 독특하고 필수적인 사명을 실천하고 있으므로 비판에서 자유로워야 한다는 믿음이다.

4장

피의 흔적

원주민들은 매우 조직화된 사회와 통치 체계 속에 있었다. 원주민 민족 간의 평화 관계가 무너지고 갈등이 생기면 그들도 싸움을 했다. 그 방식은 민족마다 달랐지만 일반적으로 적을 죽이기보다는 생포하려는 싸움을 했다. 갈등은 외교적 협상으로 끝나는 경우가 많았다. 영국인들이 침략을 시작했을 때, 원주민들은 식민지 개척자들과 상호소통의 외교 방식을 취했다.

종교적 이유로 이주한 사람들을 포함한 모든 북아메리카의 초기 식민지 개척자들은 영국 왕에게 충성을 맹세했다. 왕은 대륙의 광활한 영토가 영국에 속한다고 선언했다. 이것은 식민지 개척자들이 침략에 맞서 원주민과 싸우는 자금 등을 영국 왕실이 지원할 것으로 기대했다는 것을 의미한다.

원주민들의 눈에 비친 식민지 개척자들은 무능하고 무력했다. 그러나 식민지 개척자들이 스스로를 왕이나 자신을 위해 원주민의 토지와 자원을 빼앗을 자격이 있다고 생각한다는 사실은 분명했다. 그들은 탐욕에 사로잡혀 자신이 원하는 것을 얻기 위해서라면 무엇이든 하려고 했다. 여기에는 대량 학살 행위도 포함되었다.

전쟁의 방식과 대량 학살의 뿌리

최초의 유럽 식민지가 개척되었을 때부터 원주민 민족들은 고향 땅을 점령하고, 그 과정에서 원주민을 제거하려는 사람들과 지속적인 갈등을 겪었다. 이 장에서 우리는 1600년대 초반부터 1700년대 후반까지 특정 원주민 민족과 유럽 침략자들 사이의 몇 가지 중요한 갈등을 살펴볼 것이다. 영국으로부터 독립한 후부터 미국인이라고 불리는 식민지 개척자들은 그들의 최종 목표인 유럽인 정착을 위해 원주민을 쫓아내는 정규전*과 비정규전을 시작했다.

생각해 보자

제2차 세계대전 직후, 홀로코스트의 충격이 전 세계 사람들의 기억에 고스란히 남아 있을 때, 유엔은 '대량 학살'을 법적 용어로 정의하고, 처벌할 수 있는 범죄로 포함하는 협정 초안을 만들었다. 그러나 일반적으로 북미와 미국의 역사와 교과서에서는 '대량 학살'이라는 단어를 사용하지 않는다. 그 이유를 무엇이라고 생각하는가?

여러 세대의 정착민들은 주로 농부였고, 비록 정규군은 아니었지만 '원주민 투사'로서의 경험을 얻었다. 처음부터 정착민들은 비정규 투사를 조직해 무장하지 않은 여성, 어린이, 노인들을 죽이며 원주민 공동체를 공포로 몰아넣고 파괴했다. 그때나 지금이나 '원주민 살인자'가 되는 것은 영웅적으로 받아들여졌다. 그러나 무고한 사람들을 죽이고 그들의 집과 들판을 불태우는 데 용기나 희생이 필요한 것은 아니었다.

군사 이론에 따르면, '정규전' 또는 '재래식 전투'는 둘 이상의 국가가 전쟁 전술과 무기를 사용하는 전쟁을 의미한다. 재래식 전투의 목적은 적의 군대에 피해를 주는 것이다. 민간인에 대한 피해는 정규전으로 보지 않고, 현대 사회에서는 종종 국제법 위반으로 간주한다.

비정규전은 한쪽 또는 그 이상의 진영이 정규 군사 조직을 사용하지 않고, 재래식 무기나 전술을 사용하거나 하지 않을 수도 있는 전쟁이다. 비정규전은 민간인 피해를 목표로 머리 가죽 벗기기, 여성과 어린이에 대한 공격이나 공격 위협, 천연두와 같은 생물 무기 등을 원주민 민간인에게 사용하는 전략을 취한다.

북미에서 이런 종류의 전쟁은 군사적 승리뿐만 아니라 원주민을 완전히 제거하려는 욕망을 드러낸 것이다. 군사 역사가인 존 그레니어는 원주민 인구가 그 지역의 정착민보다 많아 보일 때마다 정착민들은 곧바로 '터무니없는 폭력'[1]을 사용했다고 보았다. 19세기 초에 정착민은 원주민보다 수적으로 많아졌는데, 이는 정착민이 원주민에게 200년 동안 지속적인 폭력을 가했다는 것을 의미한다.

초기에는 영국 왕실이 식민지 정착민들에게 정규군 지원을 많이 제공하지 않았다. 식민지 지도자들은 스스로 군대를 조직해야 했다. 예를 들어, 제임스타운 식민지의 존 스미스가 말한 그의 '군인'은 그 당시 총을 들고 위험을 감시하는 임무를 받은 사람만을 의미했다.[2]

더 정확하게 표현하자면, 스미스의 군대는 민병대라는 용어가 적절하다. 식민지 시대 역사 교과서는 민병대를 훈련받은 전문 군인이 아닌, 무장한 농민이나 마을 사람들로 조직된 집단이라고 본다. 최초의 영국 식민지 민병대는 원주민, 프랑스, 스페인 식민지 개척자들과 싸웠다. 이후 영국으로부터의 독립 전쟁 중에는 분리주의자*들이 민병대에 의존하여 영국군 그리고 영국과 동맹한 원주민 군대와 싸웠다. 많은 지역에서 민병대의 수는 조지 워싱턴이 이끄는 정규 대륙군보다 훨씬 많았다.

원주민들이 침략을 막기 위해 싸웠던 정착민 집단은 민병대만이 아니라 순찰대(Rangers)도 있었다. 순찰대는 원주민과 싸우기 위해 전술과 전략으로 특별히 조직된 사람들이었다. 그들은 이름대로 원주민 영토 근처의 요새와 정착지 사이를 순찰하는 소규모 집단이었다. 정착민이 조직한 최초의 순찰대는 1676년 매사추세츠주 플리머스에서 만들어졌다. 이후에는 미국 정부도 식민지 정부와 원주민들의 저항을 진압하고 그들을 내쫓기 위해 순찰대를 자주 배치했다. 순찰대는 때때로 유럽 분쟁에 참전한 용사들로부터 특별히 폭력적인 비정규전 훈련을 받았다.

정규군과 비정규 식민지 군대의 목표는 원주민 공동체 파괴였다. 이는 전사가 아닌 원주민 여성과 어린이, 노인 등을 표적 삼아 목 베기, 가죽 벗기기, 노예로 만들기, 마을 전체와 식량 공급원 파괴하기 등의 잔인한 행위를 가했다는 것을 의미했다. 일부 군 지도자는 생물학전에도 관심을 보였다.

피쿼트 전쟁(1636~1638) 동안 코네티컷과 매사추세츠 식민지 관리들은 살해된 원주민의 머리에 현상금을 걸기 시작했다. 살해의 증거로 머리를 가져와야 했지만, 나중에는 더 간편하게 운반할 수 있는 머리 가죽으로 대체되었다. 처음에는 머리 가죽 사냥꾼에 주로 순찰대가 활동했지만, 점차 일반 정착민도 현상금을 받을 수 있었다. 1670년대 중반까지 머리 가죽 사냥은 식민지 전역에서 조직적으로 일어났다.

시간이 지나면서 식민지 정부는 성인 남성의 머리 가죽에 대한 현상금은 인상하고 성인 여성에 대해서는 낮추었으며, 10세 미만의 원주민 어린이에 대해서는 폐지했다. 그러나 머리 가죽만으로는 피해자들의 나이와 성별을 쉽게 구분하지 못했다. 머리 가죽 사냥꾼은 어린이와 여성을 포로로 잡아 서인도 제도 등에 노예로 팔곤 했다. 머리 가죽 사냥과 포로 노예화는 수입이 좋았으며, 원주민을 위협하거나 말살하려는 식민지 개척자들에게 도움이 되었다. 정착민들은 머리 가죽 사냥으로 남겨진 훼손되고 피범벅인 시체들을 '레드스킨(redskins)'이라 불렀다.

오늘날 생화학전은 현대의 발명품으로 알려져 있다. 그러나 식민지 지도자들은 원주민 정복을 더 쉽게 하기 위해 질병을 이용하려고 했던 사례들이 있었다. 초기부터 식민지 개척자들은 천연두가 원주민을 쉽게 제거하여 정착할 땅을 넓힐 수 있다는 사실을 알아냈다. 그래서 그들은 때때로 전염병을 하나님의 축복으로 여기기도 했다. 군대 또한 질병을 사용해서 전쟁을 쉽게 치를 수 있다는 것을 알았다. 예를 들어, 7년 전쟁(1756~1763)에서 영국군을 지휘한 제프리 애머스트 장군은 원주민을 상대로 한 세균전을 지지한 것으로 잘 알려져 있다. 애머스트는 하급 장교에게 다음과 같이 썼다.

면역이 없는 인디언 부족들에게 천연두를 보내는 것은 자연스러운 것 아닌가? 우리는 이번 기회에 이들을 제거하기 위해 할 수 있는 모든 전략을 사용해야 한다.[3]

식민지 개척자 군대, 민병대, 순찰대원들은 원주민을 공격하는 것 외에도 원주민 마을과 식량 공급원을 파괴하면 땅을 쉽게 차지할 수 있다는 것을 알고 있었다. 그랬기에 그들은 공격을 하면서 마을에 불을 지르고 도망치는 사람들을 쫓아가 죽였으며, 집에 남아 있는 사람들은 산 채로 불태웠다. 많은 경우에 식민지 군대는 들판을 불태우고, 사람들이 저장해 두었던 식량과 씨앗을 훔치고 파괴했다. 이렇게 해서 원주민들은 고향에서 내쫓겨 집 없는 사람들이 되었다.

포와탄 연맹

포와탄 연맹은 알곤킨어를 사용하는 30개 이상의 부족으로 구성된 동맹이다. 1600년대 초, 그들의 고향은 현재의 체서피크만에서부터 치카호미니강, 래퍼해녹강, 포토맥강을 따라 내륙까지 분포했다. 그들은 정확하게 유럽 식민지 개척자들의 침략이라고 부를 수 있는 일을 경험한

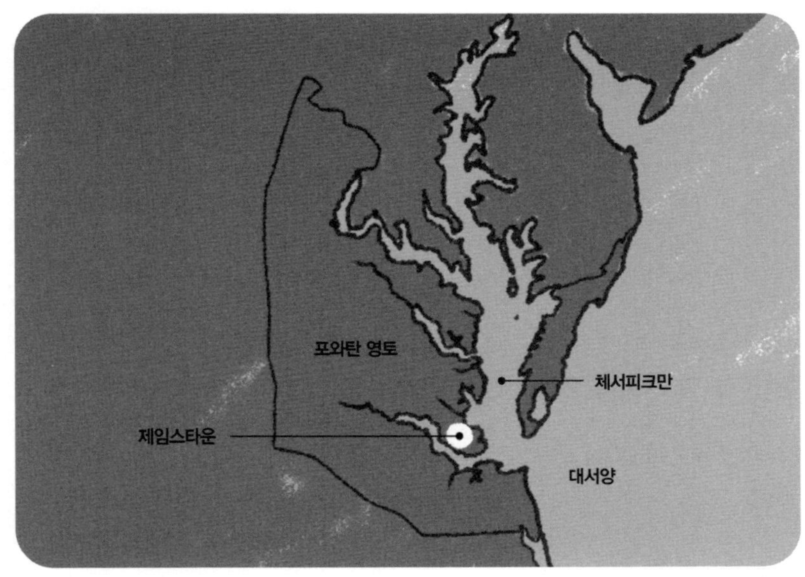

제임스타운 식민지는 포와탄 연방 본토의 가장자리에 있는 체서피크만에 세워졌다

동부 해안 최초의 원주민 중 하나였다. 영국인이 1607년에 제임스타운을 건설하기로 선택한 장소는 영국인이 '버지니아 식민지'라고 부르는 포와탄 부족의 영토에 자리 잡고 있었다.

최초의 제임스타운 식민지 개척자들은 원주민의 도움 없이는 살아남을 수 없던 많은 초기 이민자들 중 하나였다. 그들은 농작물 재배나 사냥에 성공하지 못했다. 그들이 숲에서 먹이를 찾아다니면 종종 포와탄 부족이 그들을 괴롭혔고, 두 집단 사이의 불안한 공존은 포와탄 연합의 지도자인 와훈소나콕과 제임스타운 식민지의 지도자인 존 스미스 사이의 외교적 대화에 달려 있었다. 이 대화에는 식민지 개척자들이 가져온 구리 등의 물품과 옥수수 등의 식량을 거래하는 협상이 있었다.

그러나 원주민들의 수확량이 적자 외교는 실패했다. 스미스는 포와탄족이 자신들에게 식량을 제공하지 않으면 여성과 어린이를 포함한 포와탄 공동체에 해를 끼치겠다고 위협했다. 싸움은 1609년에 시작되었고 그해 후반에 스미스는 상처를 입고 영국으로 돌아갔다. 영국 총독은 후임으로 제임스타운에 거주하는 귀족인 조지 퍼시에게 원주민을 공격하고 말살하라고 명령했다. 퍼시는 네덜란드의 독립 전쟁에 참전한 용병*이었다.

★ 용병
특정 정부, 단체, 이념에 충성하지 않는 고용된 군인을 말한다.

1610년 8월 9일, 퍼시의 군대는 원주민 마을을 공격하여 마을을 불태웠다. 그들은 많은 사람을 죽이고 밭에서 자라는 옥수수를 모두 베어버렸으며, 원주민 지도자와 가족을 납치했다. 퍼시는 배로 돌아가는 길에 원주민을 왜 곧바로 죽이지 않았느냐고 민병대를 비난하며 한 원주민 남자의 머리를 잘랐다. 배에 도착하자 퍼시의 부하들은 납치된 아이들을 배 밖으로 던지고 총을 쏘았다. 한 장교와 군인 두 명은 아이들의 엄마를 배에서 끌어내어 죽였다.

이러한 잔인한 행위에도 불구하고 포와탄족은 계속 침입에 저항했다. 그들은 곡물 창고를 지켰으며 한동안 영국군이 제임스타운 요새를 넘어서지 못하게 막았다. 그러나 제임스타운 정착민들이 원주민 민간인을 자주 공격하면서 갈등은 10년 동안 계속되었다. 포와탄족은 이에 굴하지 않고 더욱 강력한 동맹을 유지하며 제임스강을 따라 새로운 식민지를 확대하려는 영국인 정착민을 저지했다. 1610년부터 1621년까지 포와탄족과 식민지 개척자들의 관계는 긴장 상태였고 때로는 폭력적이었다. 그러다 1622년에 포와탄 연맹이 새로운 정착지 몇 곳을 공격하여 정착민 인구의 약 3분의 1에 해당하는 350명 정도를 살해했다.

공개적인 전쟁만으로는 원주민을 완전히 제거할 수 없었던 영국은 결국 포와탄족의 농업 기반을 체계적으로 파괴하는 군사 행동을 시작했다. 원주민들의 농지와 마을에 대한 습격은 '조수(Tidewater) 전쟁(1644~1646)'으로 불리지만, 실제로는 전쟁이 아니라 사람들을 굶어 죽게 하려는 목적으로 이루어진 공격이었다.

피쿼트 민족

피쿼트의 영토는 해안을 따라 있는 북동쪽 삼림지대였다. 포와탄 연맹과 마찬가지로, 피쿼트족과 그들의 외교 동맹국들은 알곤킨어를 사용했다. 1620년 메이플라워호가 도착하기 직전에 영국 무역선으로부터 피쿼트족의 어업 및 농업 공동체로 천연두가 퍼졌다. 메이플라워호에 탑승한 칼빈주의자들은 이 질병을 플리머스 식민지가 차지할 지역의 상당수 인구를 감소시켰기 때문에 이 질병을 하나님의 은혜와 선하심의

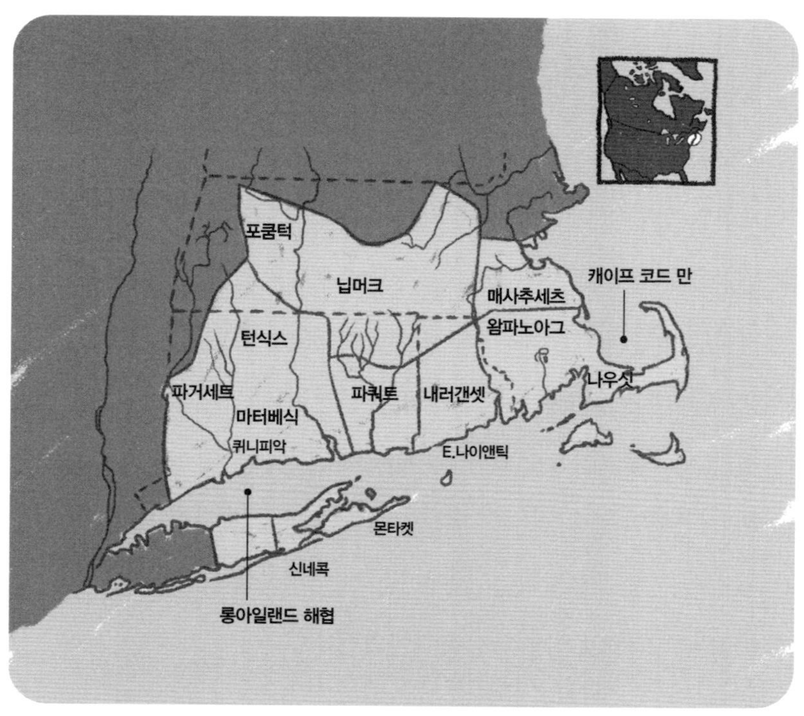

이 지도는 현재 코네티컷주, 매사추세츠주, 로드아일랜드주로 불리는 지역에서, 피쿼트족의 고향이었던 지역이 주변 부족들과 어떻게 이어져 있었는지를 보여준다

증거라고 믿었다. 살아남은 원주민들은 정착민들의 토지와 자원 탈취에 저항할 수단이 거의 없었다.

그러나 16년 후, 원주민 마을은 회복되어 정착민들이 피쿼트족 영토에서 코네티컷 식민지로 이주하는 데 장애물이 되었다. 피쿼트족과 청교도 사이의 작은 폭력 사건은 파괴적인 전쟁으로 이어졌다. 많은 식민지 기록과 역사 문헌에서는 이를 피쿼트 전쟁이라고 부른다.

1636년에 피쿼트족은 올덤이라는 영국인을 살해했다는 혐의를 받았다. 존 엔드컷이 지휘하는 군대가 그의 죽음에 대한 복수를 위해 파견되었다. 엔드컷은 여러 원주민 마을을 공격했지만 마을 사람들이 잘 숨어 있었기 때문에 사상자는 거의 없었다. 그는 부하들에게 마을과 식량 저장고를 불태우게 했다. 얼마 지나지 않아 피쿼트족은 이러한 공격에 분노해, 코네티컷강 어귀에 있는 세이브룩 요새를 공격했다. 이 공격은 1637년 3월까지 지속되었다.

식민지 정부는 용병인 존 메이슨이 이끄는 군대를 미스틱강에 파견하여 두 개의 요새에 나뉘어 살고 있는 피쿼트족에게 보복했다. 한 요새에는 주로 남성들이, 다른 요새에는 주로 여성, 어린이, 노인들이 살고 있었다. 메이슨은 후자를 목표로 삼았고, 끔찍한 학살이 이어졌다. 군인들은 대부분의 피쿼트 수비수들을 죽인 후, 구조물에 불을 지르고 그곳에 남아 있는 사람들을 산 채로 불태웠다.

청교도의 피쿼트족 학살은 무척이나 파괴적이었지만, 이웃 국가로 피신하여 살아남은 피쿼트족의 보복을 여전히 두려워했다. 두려움이 너무 컸던 그들은 피쿼트족의 집과 식량을 파괴하고, 그들을 고향에서 쫓아냈다.[5]

체로키 민족

체로키 민족은 현재의 조지아, 테네시, 캐롤라이나의 상당 부분을 차지하고 있었다. 유럽 정착민과의 첫 번째 접촉은 1500년대 중반에 스페인 사람들이 남동부 원주민의 땅을 침략하기 시작하면서부터 이루어졌다. 1600년대 후반, 체로키족은 버지니아 식민지의 무역상들이 이 지역에 왔을 때 처음으로 영국인을 접했을 것이다. 1680년대에 캐롤라이나의 순찰대는 조지아의 원주민과 스페인 정착촌을 공격하기 시작했다. 1700년대 초에 사우스캐롤라이나 주지사는 이 지역을 급습한 후 4,000명 이상의 원주민을 노예로 팔기 위해 포로로 데리고 돌아왔다.

영국인 정착민들이 남동부 원주민의 땅에 무단으로 정착했을 때부터, 뉴잉글랜드에서 그랬던 것처럼 관리자들은 땅을 얻기 위해 원주민 대량 학살에 앞장섰다. 1732년에 영국이 조지아 식민지를 건설했을 때, 사령관 제임스 오글소프 장군은 스코틀랜드 하이랜더인(스코틀랜드 고지대인)인 휴 맥케이 2세에게 소규모 정규군을 조직하고 훈련시켜 하이랜드 순찰대를 만들라고 명령했다.

하이랜더는 강인하고 용감한 전사, 즉 잔인한 살인자로 알려져 있었다. 하이랜더처럼 싸우도록 훈련받은 영국 순찰대는 1739년 영국의 플로리다 침공에서 꼭 필요한 존재가 되었다. 거의 한 달 동안 지속된 전

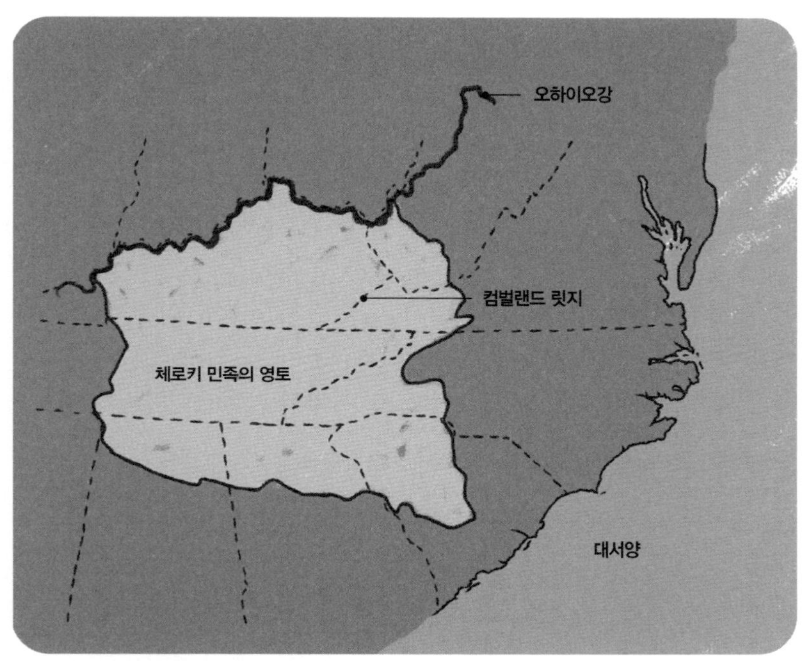

이 지도는 현재 미국 남동부의 여러 주 대부분을 포함하는 체로키 민족의 원래 영토의 경계를 보여 준다

쟁에서 순찰대원과 그들의 원주민 동맹군은 스페인 사람들과 원주민들이 사는 도시와 마을을 공격해 약탈하고, 불태웠으며, 머리 가죽을 벗기고, 노예 생활에서 탈출한 사람들을 사냥했다.

플로리다의 스페인 정착지와 남쪽의 영국 식민지 간에 긴장이 고조되자, 스페인과 영국은 체로키 민족을 서로 자기 편으로 끌어들이려고 했다. 체로키족은 처음에는 영국의 오글소프 장군의 제안을 거절했다. 오글소프 역시 1739년에 일부 체로키 마을의 협력을 얻어냈긴 했지만,

원주민들이 영국 편에 서는 것이 이익이 되지 않는다고 생각되면 마음이 바뀔 수도 있다는 것을 알고 있었다.

1740년대 영국의 전쟁부와 의회는 두 식민지 순찰대 중대를 만들고, 100명 이상의 병력을 조지아주 하이랜드 순찰대에서 근무하도록 했다. 이후 수십 년간 식민지 방어와 확장에 있어 순찰대의 존재는 더욱 중요해졌다.

프렌치-인디언 전쟁(1754~1763, 영국과 프랑스 모두 인디언들과 동맹을 맺었지만 영국의 시각에서는 프랑스가 인디언과 동맹을 맺었기 때문에 '프렌치-인디언 전쟁'이라고 한다)에서 영국인은 체로키 국가가 프랑스의 강력한 동맹국이라는 사실을 알게 되었다. 1759년 10월, 노스캐롤라이나 주지사는 영국군이 체로키족에 맞서 사용할 전략을 다음과 같이 제시했다.

> 전쟁을 선포해야 할 경우, 버지니아 남부 3개 주와 캐롤라이나는 온 힘을 다해 우리와 전쟁 중인 모든 (체로키) 마을에 진입하여 이들을 파괴하고, 가능한 한 많은 사람들을 사로잡아 그들의 아내와 아이들을 노예로 삼고 서인도 제도의 섬으로 보내야 한다. 10세 이상의 포로 1명당 10파운드의 스털링을 지급한다. …… 또 각각의 식민지에서 잡혀 오는 모든 포로는 해당 식민지에 인도되어야 한다.[6]

이전 원주민과의 전쟁에서는 영국 사령관들이 순찰대에 특정한 임무를 주었지만, 체로키족과 싸울 때는 정규군과 순찰대 모두 노인, 여성, 어린이들까지 공격 대상으로 삼았다.

영국군 사령부는 비정규전에서조차도 그들의 영토 내에서는 체로키족을 물리칠 수 없다는 사실을 잘 알고 있었다. 그래서 300명의 순찰대원, 40명의 지역 민병대원, 50명의 원주민 동맹군을 병력에 추가했다. 그들의 첫 번째 목표는 약 200채의 집에 2천 명의 주민이 살고 있는 체로키 마을이었다. 영국군은 모든 집과 시설물에 불을 질렀다. 도망치는 사람들은 붙잡혔고, 숨어 있던 사람들은 발각되어 산 채로 불에 타 죽었다. 체로키족이 영국 요새를 포위할 만큼 강력한 저항군을 조직할 때까지 그들의 마을은 차례로 불타올랐다. 1년 후, 영국군은 더욱 거세게 공격해 체로키족을 압도하고 체로키 국가의 수도인 에초까지 파괴했다. 그 후 영국군은 전진하여 15개의 마을을 더 파괴하고 약 560만m²의 옥수수밭을 불살랐다. 이 전투가 끝날 무렵, 5천 명의 체로키족은 난민이 되었고 사망자 수는 셀 수조차 없을 지경이었다.

프렌치-인디언 전쟁이 끝나자 프랑스인들은 이 지역을 떠나며 미시시피강 동쪽에서 차지했던 모든 땅을 영국에게 양도했다. 이 땅에는 체로키 영토도 포함되어 있었지만, 체로키족은 그 땅을 프랑스에 주기로 합의한 적이 없었다. 마을과 농작물에 대한 영국의 공격으로 막대한 피해를 입었음에도, 체로키 민족은 정부 조직과 함께 여전히 강력했다.

몇 년 후 식민지들이 영국으로부터 독립하기 위해 싸우기 시작했을 때, 체로키족은 다시 전쟁 중인 나라들 사이에서 자신들을 동맹으로 끌어들이려는 상황에 놓였다. 영국 당국은 체로키족을 자기 편으로 끌어들이기 위해 무기와 돈을 제공했고, 분리주의자(간단히 정의하면 식민지 시대 미국 역사에서 영국 교회로부터 완전히 분리되기를 원하는 청교도 집단이다) 대표들은 중립을 유지하지 않으면 체로키 마을을 파괴하겠다고 위협했다. 체로키족을 공격했던 경험에 비추어 중립의 유지는 분리주의자들이 바랄 수 있는 최선의 것이었다.

순찰대에게 가장 큰 피해를 본 몇몇 체로키 마을은 그에 대한 대응으로 1776년에 불법 거주(squatting)★자 정착지를 공격하여 여러 마을을 파괴했다. 분리주의 지도자들은 곧바로 체로키 민족을 공격하겠다고 발표했다. 1776년 여름과 가을에 버지니아, 조지아, 노스캐롤라이나와 사우스캐롤라이나 출신의 5천 명 이상의 순찰대가 체로키 영토를 습격했다. 그들은 마을과 농지를 버리고 도망가는 체로키족 여성과 어린이를 죽이고 머리 가죽을 벗겼다.

1780년 중반이 되자 체로키 저항군은 체로키족 영토에 있는 불법 거주자 정착지를 습격하면서 다시 힘을 얻었다. 1780~1781년 겨울에 700명의 버지니아 민병대가 다시 체로키 땅을 파괴했다. 당시 버지니아주 대표였던 토머스 제퍼슨은 대륙회의에 보낸 보고에서 한 파견부대가 "원주민 일행을 기습하여 머리 가죽 하나를 벗기고 옷과 가죽 그리고 가구를 실은 말 17마리를 빼앗았다"라고 적었다. 말이 싣고 온 물건들로 보아 이들은 원주민 전사가 아니라 도망치는 난민들이 분명했다. 사령관은 또한 그의 군대가 지금까지 체로키족의 주요 마을 약 10곳을 파괴했다고 보고했다.[8]

1780~1781년 겨울 동안 모두 합쳐 1,000채가 넘는 체로키족의 집들이 파괴되었고, 약 5만 부셸(bushel. 곡물의 부피를 재는 영국과 미국의 전통적인 단위)의 옥수수와 다른 식량을 불태우거나 약탈했다. 이때 버지니아와 노스캐롤라이나 분리주의 당국은 군대를 조직해 체로키 마을을 공격하여 현재의 테네시 중부와 앨라배마 북부로 주민들을 몰아냈고, 그곳에서도 학살은 계속되었다. 많은 사람이 도망쳤음에도 체로키 민족은 계속해서 저항했다. 1782년에 노스캐롤라이나 주지사는 보복을 위

해 500명의 기마 순찰대를 파견하여 "그 민족을 벌하고 복종하게 만들
라"[9]는 명령을 내렸다.

　미국은 독립 후 제퍼슨이 바라던 일, 즉 체로키 민족을 '미시시피강
너머'로 강제 이주시키는 일을 완성하는 데 거의 반세기를 소모했다.

쇼니와 델라웨어 민족

식민지들이 영국 통치에 맞서 반란을 일으켰을 때, 쇼니족과 델라웨어
족(또는 레나페족)은 영국군이나 분리주의자들의 편에 서라는 압박을 받
았다. 당시 그들의 영토는 북동부 삼림 지대의 상당 부분을 차지했다.
쇼니족은 현재의 펜실베이니아와 오하이오 지역에 주로 살았다. 델라
웨어족의 본토에는 현재의 뉴저지, 뉴욕, 델라웨어, 펜실베이니아 일부
가 포함되어 있다.

　1763년 영국의 조지 3세는 어떤 영국인도 '선포 경계' 서쪽 오하이오
의 원주민 땅에 정착해서는 안 된다고 공표했다. 이 공표는 서쪽으로 이
주를 원하는 정착민과 그곳의 토지를 팔아 이익을 얻으려던 토지 투기
꾼 모두를 분노하게 했다. 제4대 던모어 백작인 영국 버지니아 주지사
존 머레이도 그러한 투기꾼 중 한 명이었다. 그는 오하이오에 땅을 가지
려는 영국 정착민의 편을 들어, 왕실의 정책도 정착민이 원주민 토지를
빼앗는 것을 막을 수는 없다고 생각했다.

1763년 선언에도 불구하고 불법 거주자들은 오하이오로 이주하여 쇼니족의 농지와 사냥터에 정착했다. 1774년에 쇼니족은 불법 거주자 정착지를 습격하고 토지 측량사를 추방해, 이러한 침입에 대응했다. 정착민들은 던모어와 함께 즉시 보복했다. 던모어는 150명의 버지니아 순찰대를 보내 쇼니 마을을 파괴하도록 했다. 그는 또한 버지니아 민병대를 동원하여 오하이오 계곡을 침공해서 쇼니족 마을과 식량을 파괴하고 "가능한 모든 방법으로 그들을 괴롭히라"[10]고 지시했다. '던모어 전쟁'

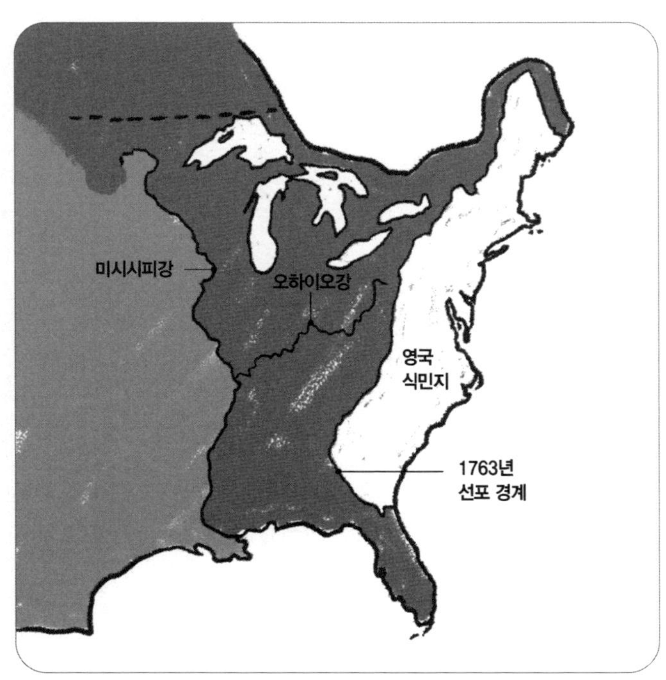

이 1763년의 선언으로, 영국 왕실은 대서양 연안을 따라 위치한 식민지들의 명확한 경계선을 설정했다

동안 쇼니족은 자신들을 지구에서 없애려는 적군과 싸워야 했다.

전쟁에서 자주 발생하는 것처럼 원주민 민족들은 어려운 선택을 하고, 행동 방침에 대해 의견 차이가 있는 경우가 많다. 계속되는 전쟁이 자기 민족을 완전히 파괴할 거라는 두려움에 쇼니족은 자치권과 사냥터 일부를 포기하고 평화 협정을 받아들였다. 그러나 던모어 전쟁은 정착민, 쇼니족과 동맹 간에 일어난 30년 전쟁의 시작에 불과했다.

알고 있니?

조지 워싱턴: 영웅인가, 괴물인가? 누구에게 물어보느냐에 따라 다른 진실

미국 초기 '건국의 아버지' 중 일부는 측량사나 토지 투기꾼이었다. 측량사는 식민 정부를 위해 토지를 측정하고 지도를 만들었다. 이는 흥미롭고 순수한 작업 같지만, 그들이 조사한 땅은 '발견의 교리'에 동의하지 않은 원주민들의 땅이었다. 측량사는 원주민의 토지를 매각하기 위해 토지를 측정하고 지도를 작성했다. 조지 워싱턴 역시 자신의 토지를 늘리기 위해 측량 작업을 한 많은 측량사 중 한 명이었다. 워싱턴은 또한 토지 투기꾼이기도 했다. 그는 빠르게 가치가 오를 만한, 팔아서 이윤을 많이 챙길 수 있는 땅을 사들였다. 측량사와 투기꾼 모두 식민지 확대라는 목표에 종사했지만, 개인적으로는 이기적인 목표를 추구한 경우가 많았다. 그들은 지도에 담긴 정보로 부자가 될 수 있었고, 식민지는 토지 기반을 늘릴 수 있었다. 일단 토지가 개인이나 투기꾼의 토지 회사 소유가 되면 원주민으로부터 보호를 받을 수 있었다. 식민지 측량사와 투기꾼들의 계속된 작업으로 원주민 마을은 계속 파괴되었다. 실제로 많은 미국 역사서에서는 조지 워싱턴을 '영웅적인 건국의 아버지'이자 측량사로 묘사하고 있지만, 원주민들은 그렇게 생각하지 않는다. 세네카 사람들은 그가 하는 일을 자신들의 언어로 '마을 파괴자'라는 뜻의 '코노토카리우스'(Conotocarious)로 불렀다. 1790년 12월 1일, 세네카족 추장들은 조지 워싱턴에게 편지를 보냈는데, 거기에는 "당신의 군대가 6개 민족(Six Nations, 이로쿼이아어를 사용하는 북미 북동부와 뉴욕주 북부에 있는 아메리카 원주민과 원주민의 연합인 사람들을 말한다. 식민지 시대 프랑스인들은 이들을 '이로쿼이 연맹(Iroquois Confederacy)'으로 불렀다. 영국인들은 이들을 모호크<Mohawk>, 오네이다<Oneida>, 오논다가<Onondaga>, 카유가<Cayuga>, 세네카<Seneca>를 포함하여 '5개 민족'이라고 불렀다. 1722년 이후에는 이로쿼이어를 사용하던모어 전쟁의 경험으로 쇼니족은 1777년에 분리주의자에 맞서 영국군과 동맹을 맺었다. 쇼니족은 오하이오 계곡 위쪽, 즉 자신의 영토에 있는 정착지에서 수백 명의 불법 거주자들을 몰아냈다. 그러나 전세가 영국에게 불리하게 돌아가자 대륙회의는 오하이오에서 쇼니족을 몰살시키기 위한 공격에 집중했다. 그들은 군인과 비정규군을 포함한 500명의 전사를 보냈다. 그들은 남녀노소를 가리지 않고 맹렬히 공격하면서 원주민 민족도 구별하지 않았다. 그들의 공격은 쇼니족이 목표였지만, 중립적인 델라웨어족 마을까지 함락시키며 여성과 아이들을 고문하고 죽였다. 특히 끔찍했던 사건 중 하나는 정착민 군대가 혼자서 새 사냥을 하던 델라웨어 소년을 잔인하게 죽인 일로, 누가 그 소년을 죽인 '명예'를 차지할 것인가를 두고 폭동이 일어날 정도가 되었다.

새로 설립된 미국 정부는 원주민 땅의 소유권을 주장하고 원주민을 제거하기 위해 더욱 공격적으로 움직였다. 대륙회의는 천 명 이상의 군인과 민병대원을 오하이오로 파견했고, 지휘관인 준장 라클란 매킨토시는 "야만인들을 벌하고 겁을 주어라. 그리고 국경에서 그들의 약탈을 확인하라"[12]고 지시했다. 분리주의자들의 잔혹한 전쟁 방식을 본 쇼니족은 부족 사람들을 안전한 곳으로 이동시켰다.

델라웨어족은 분리주의자들이 영국과 전쟁을 벌이는 동안 최악의 폭력을 당했다. 그들은 분쟁 중에 살아남기 위해서는 중립을 지키는 것이 가장 좋은 선택이라고 판단했다. 모라비아 개신교 선교사들과 교류한 델라웨어족은 모라비아식 종교가 평화주의의 이상을 포함하여 자신들의 평화주의와 비슷하다고 보았다. 이로 인해 많은 델라웨어 사람들이 모라비아 교회에 참석하고 그곳에 정착했다. 이들의 정착지는 모라비아 인디언 마을로 알려졌다. 이 중 하나는 '그나덴휘튼(Gnadenhütten)'으로 불렸다.

그들이 모라비아 교회에 속하기로 한 결정은 다른 델라웨어족 사람들을 불편하게 만들었다. 1781년, 델라웨어의 지도자인 버콩가헬라스는 그나덴휘튼에서 연설하면서 자신은 백인 남자들과 알고 지내지만, 좋은 사람은 적고 대다수는 신뢰할 수 없다고 말했다.

그들의 말은 믿을 수 없다. 전쟁할 때만 적일뿐, 평화로울 때는 친구가 되는 원주민과는 다르다. 그들은 원주민에게 "나의 친구, 나의 형제"라고 말하며 손을 잡고, 동시에 그들을 멸망시킬 것이다. 당신들도 머지않아 그러한 대우를 받게 될 것이다. 오늘 내가 이런 친구들을 조심하라고 경고한 것을 기억하라. 나는 '긴 칼(long knife, 뉴욕이나 펜실베이니아에서 온 이민자가 아닌, 버지니아에서 온 백인 정착민을 가리키는 이로쿼이 민족의 용어)'을 알고 있다. 그들은 신뢰할 수 없다.[13]

버콩가헬라스의 경고는 예언이 되었고, 1년도 안 되어 그나덴휘튼은 그 시대의 가장 악명 높은 전쟁 범죄의 현장이 되었다.

1781년, 전투가 계속되는 가운데 영국군은 오하이오 동부에서 모라비아 마을 주민들을 강제로 이주시켰다. 이후, 그들은 주민들이 농작물을 수확하기 위해 그나덴휘튼으로 돌아갈 수 있도록 허용했다. 1782년 3월, 데이비드 윌리엄슨이 지휘하는 펜실베이니아 출신의 정착민 민병대는 주민들에게 안전을 위해 대피해야 한다고 말했다. 민병대는 무기로 사용할 수 있는 모든 것들을 압수하고, 델라웨어 사람들을 모두 학살할 거라고 발표했다. 또, 백인 정착민을 죽인 델라웨어 사람들을 숨겨 주었다고 원주민들을 비난했다. 원주민들은 백인들만 소유할 수 있는 가정용품과 도구를 훔친 혐의로도 기소되었다. 유죄 판결을 받은 델라웨어 사람들은 기도하고 찬송가를 부르며 밤을 지새웠다. 아침이 되자 윌리엄슨의 부하들은 남성 42명, 여성 20명, 어린이 34명을 둘씩 짝 지어 집 두 채로 나누어 끌고 가서 살해했다. 학살자 중 한 명은 나무망치로 14명의 희생자를 때려죽인 후 공범에게 망치를 넘겨주며 "내 팔은

힘이 빠졌으니, 이 일을 계속하라"[14]고 자랑스레 말했다.

원주민들에게 그나덴휘튼 학살은 기독교인이자 평화주의자가 되어도 결코 그들의 보호를 받을 수 없다는 하나의 증거였다.

호데노쇼니 연맹

호데노쇼니 연맹은 6개의 다른 이로쿼이 민족(모호크, 세네카, 카유가, 투스카로라, 오논다가, 오나이다)으로 구성되었으며, 이들의 영토는 뉴욕 식민지의 서쪽 가장자리에 분포했다. 1770년대 중반에는 원주민 고향의 다른 모든 곳이 그랬듯, 정착민들이 이미 그곳을 침략하여 불법 거주하고 있었다. 영국군과 분리주의자 사이의 전쟁이 시작되자, 양측은 호데노쇼니 연맹을 서로 동맹으로 삼기 위해 경쟁했다.

체로키 민족과 마찬가지로, 영국군과 분리주의자들은 호데노쇼니 연맹에 대표를 보내 지지를 호소했다. 각 회원국은 '프렌치-인디언 전쟁'을 포함해 지난 150년 동안 영국과 프랑스의 침입을 겪으면서 서로 다른 경험을 했기 때문에, 저마다 고유한 이해관계를 갖고 있었다. 갈등에서 한쪽 편을 들라는 압력은 분열을 일으켰다. 1775년, 모호크 민족은 분리주의 정착민에 맞서 영국과 동맹을 맺었다. 세네카 민족은 초기에 영국을 다루기 힘든 적으로 간주했지만, 분리주의 전쟁이 다가오면서 정착민을 더 두려워했기 때문에 모호크족의 뒤를 이어 영국과 동맹을 맺었다. 연맹에 속한 다른 민족들에게는 어느 쪽과 동맹을 맺는 것이 유리한지 명확하지 않았다. 전쟁이 진행되면서 초기의 충성심은 바뀌었지만, 결국에는 이로쿼이족 6개 민족 모두 분리주의자들에게는 위협으로 여겨졌다.

1779년, 조지 워싱턴 장군은 호데노쇼니에 대한 선제 조치를 명령했다. 그는 알렉산더 해밀턴에게 존 설리반 소장에게 보낼 편지를 받아쓰게 했다. 그의 명령은 다음과 같았다.

> 주변의 모든 정착지를 파괴하라. …… 나라를 단순히 침략하는 데 그치지 않고 완전히 파괴하라. …… 그들의 정착지가 완전히 파괴되기 전에는 어떠한 평화 제안도 듣지 말라. …… 우리의 미래 안전은 그들이 우리를 해칠 수 없는 무력감 속에 있게 하며 …… 그들이 받는 가혹한 징벌로 두려움에 떨게 하는 것에 달려 있다.[15]

이에 대해 설리반은 "인디언들은 우리가 그들을 지원하는 모든 것을 파괴할 만큼 원한이 있다는 것을 알게 될 것이다"라고 대답했다.

대륙회의의 승인을 받아, 세네카 민족과 분리주의자에 반대하는 원주민 민족에 대한 공격을 시작하기 위한 세 개의 군대가 소집되었다. 이들은 뉴욕을 가로질러 펜실베이니아 북부로 행진하면서, 모든 원주민 마을을 불태우고 약탈하며 식량 공급을 끊어 생존자들을 난민으로 만들라는 명령을 받았다. 뉴욕과 펜실베이니아 식민지의 분리주의 정부는 이 계획에 순찰대원을 제공했다. 또, 펜실베이니아 의회는 입대에 대한 인센티브로 성별이나 연령에 관계없이 세네카인의 머리 가죽에 대한 현상금을 승인했다. 대륙군 정규병, 순찰대원, 상업용 두피 사냥꾼의 조합은 세네카 영토 대부분을 철저히 황폐화시켰다. 1781년까지 호데노쇼니의 마을과 들판은 폐허가 되었다.

2015년에 '건국의 아버지' 중 한 명인 알렉산더 해밀턴을 다룬 브로드웨이 뮤지컬이 엄청난 인기를 얻었다. 관객의 관심을 끌었던 한 가지 이유는 유색인 배우들이 해밀턴과 식민지 시대 인물의 역할을 맡았기 때문이다. 그러나 여기엔 원주민이 빠져 있다는 중요한 오류가 있었다. 해밀턴 뮤지컬에 나오는 모든 역사와 이야기는 원주민의 땅에서 일어났다. 국립역사기록보관소 문서를 보면 뮤지컬에 등장하는 많은 사람은 그 기간 실제 원주민과 편지를 주고받고, 그들에 대한 정책을 만들었으며, 심지어 전쟁을 벌이기도 했다. 그런데 이 뮤지컬에는 원주민에 대한 언급은 전혀 없다. 이 이야기에서 원주민을 완전히 배제하면 어떻게 되는가? 도서관에서 <해밀턴: 뮤지컬 (Hamilton: A Musical)>의 가사와 이야기가 포함된 책을 찾아보라. 만일 여러분이 원주민을 포함하도록 이야기를 수정하라는 요청을 받는다면 어떻게 하겠는가?

영국 식민지 개척자들은 신의 명령과 왕실의 선언에 따라 자신이 북아메리카 땅에서 정당하게 살고, 자원을 사용할 권리가 있다고 믿었다. 그들은 원주민을 자신들이 가질 권리가 있는 땅과 자원에 대한 장애물

로 여겼다. 그들은 적을 완전히 파괴하려는 목표로 전쟁을 택했기 때문에 양측이 장기적으로 공존할 수 있는 외교적 합의는 전혀 필요하지 않았다. 또한 원주민의 영토를 점령하려는 목표를 위한 전쟁을 위해 '새로운' 전술을 채택했다.

돌이켜 보면, 식민지 개척자들이 원했던 것과 그들이 가혹하게 행한 일들은 '집단학살'로 불려야 한다. 유럽인들은 북아메리카로 알려지게 된 땅에 처음 발을 디딘 순간부터, 땅과 자원을 찾아가는 곳마다 핏자국을 남겼다. 그러나 그들은 결국 원주민들이 쉽게 겁을 먹거나 정복당하지 않는다는 것을 알았다. 미국이 탄생한 뒤에도, 원주민들은 그 길을 피하지 않고 고향, 지역 사회, 민족을 위해 끝까지 싸우기로 결심했다.

5장

한 국가의 탄생

1783년에 영국은 13개 식민지를 유지하기 위한 싸움에서 물러났다. 전쟁을 끝내는 협상이 진행된 결과, 새로운 독립 국가인 미국이 탄생했다. 1783년 파리 조약을 통해, 영국은 미시시피강에서 대서양과 오대호 남쪽에서 스페인이 점령한 플로리다 북쪽에 이르는 영토를 미국에 양도했다.

그러나 그 땅의 대부분은 처음부터 영국의 소유가 아니었다. 그 땅은 여전히 원주민 국가에 속해 있었으며, 이들 중 다수는 미국인으로부터 고향을 보호하기 위해 영국인과 동맹을 맺고 있었다. 그러나 영국과 미국의 파리 조약 협상에 원주민 국가의 자리는 없었다. 그들은 초대받지도 못했고, 아무도 그들에게 의견을 묻지 않았다.

새로운 질서

영국으로부터의 독립 전쟁이 끝나자, 원주민들은 새로운 상황을 맞이했다. 정착민과 새 공화국이 원주민을 고국에서 강제로 추방하여 자신들만의 정착지를 마련하자는 그들의 결정에는 변함이 없었다.

새로운 상황으로는 조약이 작성되고 검토되는 방식을 들 수 있다. 원주민 민족들은 전통적으로 조약을 체결할 때, 평화를 전쟁이 끝난 것의 의미 이상으로 여겼다. 그들에게 조약의 당사자들은 서로 긍정적인 관계를 형성하고 유지해야 한다는 도덕적 의무를 가졌다. 반면에 유럽인들은 조약을 적대 행위의 중단에 초점을 맞춘 법적 문서로 보았고, '승자'가 '패자'[1] 로부터 무언가를 얻는 사무적인 거래로 여겼다.

원주민 민족들과의 조약 체결은 헌법 제1조 8항에 간략하지만 중요하게 언급되어 있다. 의회는 "외국, 여러 주, 그리고 인디언 부족과의 상업을 규제"할 권한을 갖는다.

원주민에게 이것은 무역 및 조약과 같은 주요 문제에 대해 개별 주가 아닌 중앙의 연방 정부와 거래해야 한다는 것을 의미했다. 무기 소지 권리를 명시한 수정헌법 제2조는 원주민을 언급하지 않았지만, 그들에게 큰 영향을 미쳤다. 수정안에는 "자유 국가의 안보를 위해 필요한 민병대는 국민의 무기 보유 및 휴대 권리를 침해해서는 안 된다"라고 적고 있다. 이는 식민지 시대에 원주민을 상대로 민병대가 벌인 비정규전이

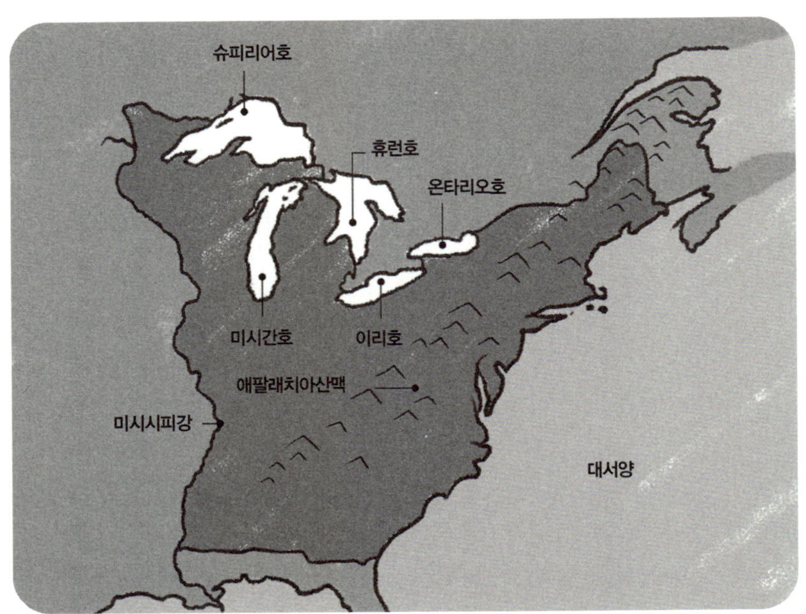

파리 조약 협상에는 원주민이 포함되지 않았지만, 이 조약을 통해 미국은 영국과의 식민지 전쟁을 끝내고 수백만 에이커에 달하는 원주민 땅에 대한 소유권을 주장할 수 있었다. 그중 일부는 지금까지도 소유권 분쟁이 계속되고 있다

중앙 정부의 승인을 받았으며, 수정헌법 제2조에 의해 엄연히 보장됨을 의미했다.

알고 있니?

영국과의 전쟁 중에 독립을 추구하던 식민지 대표들은 연합 규약이라는 통치 문서를 만들었다. 이 문서는 원주민족과의 협정 체결에 관한 것으로, '원주민'을 두 번 언급했다. 독립 전쟁이 끝난 후 몇 년 동안 비슷하지만 새로운 통치 문서의 초안이 작성되어 미국의 헌법이 되었는데, 여기에 '원주민'은 세 번 언급되었다.

1780년에서 1815년 사이에 새로운 국가의 지도자들은 '합중국'을 만들기 위해 노력했지만 정착민과 주 정부의 저항을 받았다. 특히 연방 당국의 권한은 캐나다에서 스페인령 플로리다에 이르는 산맥 서쪽에서 난관에 부딪혔다. 원주민 영토 경계에 있는 정착민들은 새로 창설된 전문 미국 군대가 자신들의 이익을 지켜주지 못할지도 모른다고 믿었다. 실제로 정착민들의 요구와 행동은 독립 이전과 마찬가지로 연방 정부의 승인을 받은 원주민에 대한 전쟁으로 이어졌다.

원주민 민족들은 파리 조약의 기본 전제인 그들과 그들의 고국이 '미국'의 일부라는 것에 동의하지 않았다. 그들은 여전히 계속되는 정착민들의 공격에 단호하게 저항했다. 원주민들의 전통적인 외교 방식은 침략자들에 맞서 새로이 동맹을 결성하는 변화를 꾀하려고 노력했다. 파리 조약이 체결된 후 30년 동안 오하이오 지역과 남부 주에 있는 원주민 동맹국은 정착민의 침입에 저항하며 여러 차례 전쟁에 참여했다.

오하이오주의 원주민 동맹

오하이오 국가 중심부에서 델라웨어, 마이애미, 와이언닷과 쇼니 원주민 민족은 동맹을 맺었다. 이 동맹은 메시키노크와(Meshekinnoqquah, 리틀 터틀), 웨야피어슨와(Weyapiersenwah, 블루 재킷) 그리고 테쿰세(Tecumseh)가 주도했다.

　1789년에 조지 워싱턴이 미국의 초대 대통령으로 취임했다. 그는 파리 조약으로 미국이 오하이오 국가에 대한 주권을 가진다고 믿었지만, 그곳에 살고 있는 원주민들은 그러한 믿음에 동의하지 않았다. 워싱턴은 유럽 국가들에게 미국의 위상을 높이기 위해 직업 군대를 만들고 싶어 했다. 직업 군대는 용병을 고용하는 것보다 비용이 적게 든다. 그러나 군대만으로는 오하이오 지역의 원주민 저항에 상대가 되지 않았고, 그의 첫 행정부는 정착민들이 오하이오를 이용할 수 있도록 하지 못한 탓에 위기에 빠졌다.

　1790년 6월 7일, 전쟁부 장관 헨리 녹스는 육군 사령관에게 국경이 너무 넓어서 방어하는 것이 불가능할 거라고 말했다. 이에 대한 유일한 해결책은 정착촌 건설에 반대하는 원주민들을 "가능하다면 완전히 근절*"하는 것이었다.[2]　그러나 당시 군대에는 녹스의 명령을 수행할 직업 군인이 충분하지 않았다. 그래서 장교들은 켄터키 출신의 불법 거주자들로 구성된 민병대에서 용병을 모집했다. 그들은 군대 규율에 익숙하지 않았지만, 머리 가죽을 현상금으로 교환하거나 토지를 받는 대가로 원주민을 죽이는 데 기꺼이 참여했다.

★ 근절
근절한다는 것은 생명체나 집단을 완전히 소멸시키거나 파괴하여 영원히 존재하지 않게 만드는 것이다.

　이 군대는 여러 마이애미 부족 마을을 공격하기 위해 접근했지만, 그곳은 이미 버려져 있었다. 그들은 한 마을에 기지를 세우고 미아미족의 공격을 기다렸지만 끝내 공격을 받지 않았다. 사령관이 미아미족을 찾기 위해 수색 및 파괴 임무를 맡은 소규모 부대를 보냈을 때, 그들은 메시키노크아와 웨야피어슨와가 이끄는 마이애미 연합군과 쇼니의 매복 공격을 받았다. 녹스는 이에 대한 보복으로 지휘관들에게 500명의 켄터키 기마 순찰대원을 모집하여 마이애미 마을과 들판을 불태우고 약탈했으며, 인질을 잡아오라고 명령했다. 그들은 마이애미에서 가장 큰 두 도시를 파괴하여 41명의 여성과 어린이를 포로로 잡고, 다른 도시에도 무조건 항복하지 않으면 그들에게도 똑같은 일이 일어날 거라는 경고를 보냈다. 그러나 오하이오 국가의 동맹 부족들은 그들의 경고에도 불구하고 계속해서 싸웠다.

1791년 말, 전쟁부는 앤소니 웨인 소장에게 육군 부대를 재편성하는 임무를 맡겨 오하이오에서 비정규군으로 활동할 수 있도록 했다. 웨인은 1792년에서 1794년 사이에 정규군과 숙련된 순찰대원으로 구성된 연합군을 구성해 식량 공급을 끊고 민간인을 살해하는 등의 전술을 사용했다.

웨인의 부대는 현재의 오하이오 북서부에 진입하여 델라웨어, 쇼니, 마이애미, 와이언닷을 포함한 원주민 동맹의 중심부에 포트 디파이언스라는 기지를 세웠다. 웨인은 싸움을 멈추지 않으면 여성과 아이들에게 해를 끼칠 거라고 위협하면서 원주민 동맹에 최후통첩을 보냈다. 동맹이 항복을 거부하자, 미군은 원주민 마을과 들판을 파괴하고 여성, 어린이, 노인들을 살해했다. 그들은 1794년 8월 20일, 오늘날 '폴른 팀버스 전투'로 알려진 전투에서 동맹의 주요 전력을 제압하고 3일 동안 원주민의 집과 들판을 초토화시켰다. 이 패배로 오하이오 지역의 원주민 국가는 심각한 타격을 받았지만, 이후에도 그들은 10년 동안 재편성해 저항을 지속했다.

폴른 팀버스에서의 전투와 그 이후의 상황은 연방 정부가 원하는 땅을 얻기 위해 정규전과 비정규전 모두를 사용하는 데 주저하지 않았음을 보여준다. 1795년 체결된 그린빌 조약에서 동맹국들은 오하이오 영토의 상당 부분을 미국에 양도했다. 이 조약에는 또한 미국 시민이나 백인 중 어느 누구도 남아 있는 원주민 땅에 정착할 수 없다고 명시했다.

그러나 이후 10년 동안 더 많은 정착민들이 애팔래치아산맥으로 쏟아져 들어왔다. 그들은 미군이 보호해 줄 거라는 확신 아래 원주민 땅에 숨어 들어와 마을을 건설했다. 점점 늘어나는 불법 거주자의 홍수에 직면한 쇼니족의 형제, 테쿰세와 텐스카타와는 더 크고 응집력 있는 원주민 저항군을 구성하기 시작했다. 1807년에 현재의 인디애나주 서부에 설립된 '예언자의 마을'(Prophet's Town)로 불리는 쇼니족 공동체가 그들 조직의 중심지가 되었다. 그곳에서 텐스카타와와 무리들은 쇼니족의 영토 전역을 여행하면서 쇼니족 사람들에게 전통 종교와 문화적 뿌리를 되찾을 것을 촉구했다.

한편, 테쿰세는 다른 민족들을 방문하여 그들의 땅에 무단 거주하는 사람들에 맞서 단결할 것을 촉구했다. 그는 미시시피강 서쪽, 북쪽의 오대호 지역, 남쪽의 멕시코만까지 모든 민족의 동맹을 구상했다. 또한 정착민이 원주민 땅으로 들어오지 못하도록 원주민이 이들에게 토지를 판매하는 것을 중단하기를 바랐다. 그렇게 되면 동맹은 원주민 토지를 연합해서 관리할 수 있을 것으로 보았다.

이러한 원주민 동맹의 발전은 미국의 영토 확장에 심각한 장애가 되었다. 그러나 끊임없는 전쟁은 원주민 민족에 큰 타격을 주고 있었다. 1809년, 인디애나주의 주지사인 윌리엄 헨리 해리슨은 델라웨어족, 미아미족, 포타와토미족의 궁핍한 사람들에게 협박과 뇌물을 제공하며 포트웨인 조약에 서명하라고 유도했다. 이 조약은 원주민들이 매년 일정한 돈을 지급받는 것을 대가로 현재 인디애나주 남부에 있는 땅을 넘겨주도록 적고 있었다. 테쿰세는 이 조약을 비난하며, 부족민들의 허락 없이 조약에 서명한 대변자들을 규탄했다.

1810년, 해리슨은 빈세스에서 테쿰세를 만났다. 그러나 그들은 합의에 이르지 못했고 1811년에 다시 만났다. 그 회의에서 테쿰세는 키카푸족, 와이언도트족, 피오리아족, 오지브웨이족, 포타와토미족, 위니베이고족, 그리고 쇼니족을 포함한 여러 민족 대표들과 함께했지만, 몇 주간의 대화는 아무것도 해결하지 못했다. 빈세스를 떠나기 전에 테쿰세는 해리슨에게 크리크족, 촉토족, 그리고 치카소족을 동맹에 참여시키기 위해 남쪽으로 여행하고 있다고 알렸다. 더 큰 연합을 두려워한 해리슨은 예언자의 마을을 파괴하면 저항군을 진압할 거라고 생각하여, 테쿰세가 없을 때 공격하기로 했다.

해리슨은 노련한 인디언 킬러인 인디애나와 켄터키 순찰대원, 일부미 육군 정규군을 소집했다. 군인들은 현재 인디애나주 테르호트의 쇼니 땅에 해리슨 요새를 건설했다. 테쿰세는 예언자의 마을 사람들에게 동맹이 아직 전쟁 준비가 되어 있지 않기 때문에 싸움에 휘말리지 말라고 당부했다. 그러나 1811년 11월 6일, 미군이 예언자의 마을의 외곽에 도착했을 때 텐스카타와는 형의 지시에도 불구하고 공격하는 것 외에는 다른 대안이 없다고 생각했다. 그는 다음 날 아침 일찍 공격을 시도했다. 군대는 약 200명의 원주민이 쓰러진 후에야 쇼니족을 제압할 수 있었다. 그들은 마을을 불태우고 약탈했으며, 곡물 창고를 파괴했다. 심지어 무덤을 파헤치고 시체를 훼손하기까지 했다.

예언자의 마을에 대한 파괴는 오하이오 원주민들을 격분시켰다. 원주민 전사들은 무기와 보급품을 얻기 위해 캐나다에 있는 영국 수비대로 갔고, 테쿰세는 원주민이 주도하는 미국에 대한 통일되고 조율된 전쟁을 주장했다. 영국은 원하면 합류할 수 있지만, 철저히 원주민이 주도하는 저항으로 영국 사령관의 명령을 받지 않을 거라고 밝혔다. 미국은 이미 영국과 전쟁 직전에 있었는데, 이러한 상황은 더욱 불안을 부추겼다. 제임스 매디슨 대통령은 공식적인 전쟁 선포를 위해 의회에 갔을 때, 구체적으로 원주민 전사들에 대한 영국의 지원을 분명하게 지적했다.

　1812년 여름, 원주민 동맹은 미국의 요새와 불법 거주지를 공격했다. 그들은 현재의 디트로이트와 디어본에 있는 요새를 제압했고, 일리노이와 인디애나 전역의 정착지에서 수천 명의 불법 거주자들을 몰아냈다. 동맹은 성공 가능성이 있어 보였지만, 18개월간의 전쟁으로 원주민 마을과 농업 자원이 심각하게 고갈되었다. 많은 원주민이 고향에서 집도 없이 굶주리고 있었다. 1813년 10월, 템스강 전투에서 테쿰세가 전사하자 동맹은 무너지고 말았다.

머스코지와 체로키의 저항

머스코지 동맹(크리크 동맹이라고도 한다)은 현재의 조지아, 앨라배마 및 북부 플로리다 일부 지역을 포함하는 여러 원주민 민족을 포함한다. 이들의 첫 유럽인 접촉은 스페인을 통해 이루어졌다. 영국과의 무역은 1600년대 후반에 시작되었다.

　머스코지는 독립을 위한 정착민의 전쟁에 공식적으로 중립을 유지했다. 그러나 그들은 1784년에 무단 거주자의 침입을 막을 수 있을 것으로 기대하며 스페인령 플로리다와 연맹을 이루었다. 스페인은 이 합의를 당시 미시시피강 하류와 뉴올리언스를 포함하고 있던 북미 지역에 대한 완충 장치로 여겼다. 불법 거주자들은 머스코지 민족을 그들이 조지아에 영구 정착하는 데 주요 장애물로 여겼다. 머스코지족은 무단 거

북미 대륙의 원주민들은 수백 가지 언어를 사용했다. 그들은 말뿐만이 아니라 암각화, 왐펌 벨트, 나무껍질 천에 기호를 그린 책 등으로 의사소통을 했다.

이러한 방식은 알파벳으로 된 의사소통 방법이 아니기 때문에 원주민이 '원시적'이었다는 증거물로 채택되어 무시되지만 실제로는 그렇지 않다. 이러한 방법은 오히려 오늘날 점점 더 많이 사용되는데, '맥도날드의 심벌인 황금 아치'나 이모티콘이 전달하는 정보를 생각해 보면 알 수 있을 것이다.

원주민 언어는 구조와 소리에서 영어나 다른 유럽 언어와 다르다. 머스코지 사람들이 사용하는 언어인 머스코지를 한 예로 들 수 있다. 1800년대 머스코지를 위해 개발된 문자는 영어 알파벳과 유사하지만 일부는 다른 소리를 낸다. 예를 들어 V는 '어' 소리를, K는 영어 K와 G 사이의 소리를 낸다. 조지아 지역의 불법 거주자에 대한 머스코지 이름은 'ekvnvvnoksulke(땅에 탐욕스럽게 욕심내는 사람들)'였다. 일부 영어 사용자는 'ecunnaunuxulgee'라고 표기했다.

영어 사용자는 원주민의 철자법을 따르지 않았다. 머스키 사람들이 사는 고속도로나 거리 표지판에서 'Muscogee' 또는 'Muskogee'뿐만 아니라 'Maskoke'도 볼 수 있다. 모두 같은 단어지만 철자가 다르다.

1809년경에 세쿼야라는 체로키 사람이 체로키어의 문자 형식을 개발했다. 그가 만든 문자는 글자의 소리가 아닌 음절을 표현했기 때문에, 알파벳이 아닌 음절문자라고 불린다. 체로키족은 점차 문자를 사용하기 시작했다.

<체로키 피닉스(Cherokee Phoenix)>

마야 사회에는 상형 문자, 그림, 기타 기호를 사용하는 문자 체계가 있었다. 읽고 쓸 수 있는 사람들은 이야기뿐만 아니라 종교적, 과학적, 문화적 정보를 현재 '코덱스'라고 불리는 나무껍질로 만든 책에 기록했다. 이 그림은 남아 있는 몇 안 되는 코덱스 중 하나다. 스페인 침략자들은 이 몇 개의 코덱스를 제외하고는 모두 불태웠다

주자들을 "탐욕스럽게 땅에 욕심내는 사람들"[3]이라는 뜻의 이름으로 불렀다.

무단 거주자들은 체로키 땅도 침범하고 있었다. 1776년에 정착민 군대가 체로키족을 물리친 후, 한 체로키족 집단은 더 이상 땅을 빼앗기는 것을 강하게 반대하며 서쪽으로 더 멀리 이주했다. 그들은 현재의 테네시주 채터누가강 근처의 치카마우가에 정착했다. 시골의 불법 거주자들은 치카마우가족을 심각한 위협으로 여겼다. 1784년, 존 세비어가 이끄는 일부 정착민은 프랭클린이라는 이름의 14번째 주를 만들겠다는 희망을 품고 노스캐롤라이나에서 탈퇴했다. 노스캐롤라이나와 미국 정부는 프랭클린의 지위를 인정하지 않았지만, 노스캐롤라이나로 복귀시킬 자원이 부족했다. 세비어의 지도력 아래 프랭클린은 계속해서 치카마우가족의 땅을 침범했다. 1785년 체로키족과 미국은 세비어의 기대를 무시하고 원주민이 아닌 정착민들을 블루리지산맥 동쪽에 거주하게 하는 호프웰 조약 협상을 했다.

미국 정부는 무단 거주자들이 조약을 준수하지 않을 것을 알고 있었던 것 같다. 실제로 수천 명의 불법 거주자들이 이미 산 서쪽에 있는 거의 4,000km²에 달하는 땅을 차지하고 있었다. 워싱턴 행정부는 원주민 국가들을 공정하게 대하는 것처럼 보였지만, 행동은 그렇지 않았다. 녹스 전쟁부 장관은 더 많은 이주 정착민들을 끌어들이기 위해 무단 거주 지도자들에게 계속해서 건물을 더 지으라고 조언했다. 그는 원주민들을 자극하는 정착민들의 의도를 잘 알고 있으면서도 이를 무시한 듯하다. 1788년에는 치카마우가족 민족과 프랭클린 정착민들 사이에 전쟁이 발발하여 수년 동안 계속되었다.

지속적인 원주민들의 저항과 정착민들의 압력에 직면한 워싱턴 행정부는 원주민과 체결할 많은 조약 중 첫 번째를 협상했다. 이 조약은 이전의 조약과 달리 새로 만들어진 미국 의회에서 비준될 것이었다.

이들 조약 중 첫 번째인 뉴욕 조약은 1790년에 머스코지 민족 대표들과 협상했다. 이 조약에서는 현재 조지아의 일부가 될 광대한 머스코지 땅을 넘겨받는 대가로 미국 정부가 머스코지 민족에 매년 1,500달러를 지급할 것임을 명시했다. 이 조약은 머스코지가 조지아주, 스페인과 체결한 조약을 무효화했다. 또한 머스코지 땅에 정착하거나 사냥을 시도하는 '원주민이 아닌' 사람은 결코 미국의 보호를 받지 못할 것임도 명시했다.

그러나 무단 거주자들은 조약의 조항을 무시하고 머스코지족을 자극하여 전쟁을 일으키고자 했다. 그들은 머스코지족의 주요 식량원과 수입원을 파괴하려는 의도로 머스코지 사슴 공원에서 수백 마리의 사슴들을 도살했다. 전쟁부 또한 뉴욕 조약의 조건을 위반했다. 관리들은 원주민의 충성심을 얻기 위해 일부 머스코지 지도자들에게 뇌물을 주었다. 이는 머스코지 민족의 내부 분열을 일으켜, 전통적인 의사 결정 과정을 무너뜨리고 지도자에 대한 신뢰를 배신하기 쉽게 했다.

이 시기에 체로키 민족은 미국 정부와의 조약을 통해 영토를 포기했다. 1791년 7월에 그들은 연방 정부로부터 연간 1,000달러의 연금을 받는 대가로 프랭클린 정착촌이 자리 잡은 토지에 대한 모든 소유권을 포기하는 데 동의하면서 마지못해 홀스턴 조약에 서명했다. 치카마우가족은 조약이 합법적이라고 생각하지 않았고, 세비어와 프랭클린 정착민에 계속해서 저항했다.

점차 미국은 조약을 위반한 정착민을 막을 의도가 없다는 것이 분명

남동부 원주민 민족들 사이에서는 '고객 계층'이 생겨났다. 이것은 원주민이 식민지 개척자로부터 협력의 대가로 특정한 특권을 얻는 집단이다. 상대적으로 소수인 이 원주민들은 종종 '엘리트'로 취급되었고, 식민지 개척자의 가치와 관행 일부를 받아들였다. 남동부에서는 일부가 아프리카인의 노예화를 받아들였고, 부유한 농장주가 되기도 했다.

이러한 계급 분열은 전통적이고 상대적으로 평등한 원주민 사회를 내부적으로 훼손했다. 특히 미국 정부가 고객 계층을 원주민 민족을 대표해 평화 협상에 참여할 수 있는 대변인으로 대하며 피해는 더욱 심각해졌다. 그러한 협상 중 일부는 부족민을 희생시키면서 고객 계층과 식민지 개척자들에게 부를 제공했다.

해졌다. 치카마우가족과 머스코지 부족은 함께 정착민들을 원주민 땅에서 쫓아내기 위해 프랭클린 안팎에서 함께 싸우기 시작했다.

1792년 4월, 녹스는 머스코지족과 함께 일하는 원주민 담당관 제임스 시그로브에게 편지를 보내 머스코지족에게 싸우지 않도록 조언할 것을 요청했다. 그때까지 녹스는 머스코지족을 두 가지로 분류해, 뉴욕 조약의 혜택을 받는 사람은 '존경할 만한 원주민 계층'으로 불렀고, 조약을 거부한 사람은 '무법자 집단'으로 간주하며 그들의 행동이 조약에 서명한 머스코지 지도자들의 의지를 반영하지 않는다고 주장했다. 알렉산더 맥길리브레이가 이끄는 머스코지의 무법자 집단은 무기를 들고 정착민들을 공격했다. 그해 9월, 정착민 중 한 명이 사우스캐롤라이나와 미국 정부에 편지를 보내, 원주민의 공격으로부터 자신들을 방어하는 군대가 오지 않으면 정착민들이 스페인과 동맹을 맺을 수도 있다고 경고했다.

1792년 가을에는 드래깅 카누(Dragging Canoe)와 테쿰세의 형인 치즈카우의 지휘 아래 치카마우가족, 머스코지족, 쇼니족의 전사로 구성된 부대가 현재 테네시 지역의 정착지를 공격하기 시작했다. 그들은 며칠 동안 내슈빌 외곽의 뷰캐넌 역을 포위했다. 치즈카우가 사망하자 그들은 자신들의 마을로 돌아갔다.

뷰캐넌 기지에서의 전투 이후 정착민들은 치카마우가족과의 전쟁이 필요하다고 확신했다. 홀스턴 조약 협상에 참여했던 윌리엄 블런트는 치카마우가족에게 개척지 정착민들은 '전사들에게뿐만 아니라 무고하고 무력한 여성과 어린이, 노인들에게도 무서운 존재'[4]라고 경고하며 싸움을 중단하라고 설득했다.

블런트는 전투가 전면전으로 확대되는 것을 원하지 않았다. 그는 정착민들이 치카마우가 마을을 파괴하려고 한다는 것을 알고 있었다. 1792년 9월에 그는 세비어에게 국경 및 정착지를 보호하기 위해 순찰대를 조직하라고 명령하고, 수비를 계속했다. 블런트는 또한 정착민들에게 원주민 마을을 공격하지 말라고 경고했다. 1793년 초에 그는 전쟁을 시작하려는 300명의 정착민 폭도들을 해산시키도록 민병대에 명령했다. 그는 후에 정착민들이 "조국에 공헌하려는 잘못된 열정"[5]으로 행동했다고 기록했다.

조지아에서는 일부 머스코지 전사들이 무장으로 저항하며 보복한 것처럼 정착민들의 조약 위반이 계속되었다. 1793년 초, 연방 원주민 담당관 조지 시그로브는 약 500명으로 구성된 5개의 머스코지 마을을 저항의 중심지로 파악했다. 그와 녹스는 정착민들이 머스코지 학살을 시작할 거라고 걱정했다. 4월에 녹스는 조지아가 전쟁을 시작하지 못하게 막기 위해 조지아 민병대에서 '전문적이고 강인한 벌목꾼'을 연방 서비스 순찰대원으로 선발했다.[6]

그러나 주지사 에드워드 텔페어를 포함한 조지아인들은 연방 정부의 권한을 존중하지 않았다. 주지사는 녹스에게 주민들이 머스코지와 싸우는 것을 막을 수 없을 거라고 말했다. 미국 건국 초기에는 정부의 권위를 존중하지 않는 것이 문제였다. 1793년 7월에 세비어는 블런트의 권위를 무시하고 치카마우가 영토에서 정찰을 수행할 수 있도록 전쟁부를 설득했다. 그는 곧 그 임무를 변경했다. 다음 해에 그와 순찰대원들은 저항을 제압하고 땅을 차지하기 위해 원주민들 소유의 들판을 불태우고 가축들을 죽였다.

1793년 내내 조지아와 연방 정부 사이의 긴장은 계속되었다. 9월까지 조지아 민병대는 평화를 이루려고 노력하는 미국인과 원주민을 가리지 말고 누구라도 납치하라는 명령을 받았다. 원주민 담당관 시그로브에 대해서는 공개적인 암살 위협이 가해졌다. 1793년 가을에 민병대는 머스코지가 반격하도록 자극하려는 목적으로 여러 머스코지 마을을 공격했다. 시그로브는 대다수의 조지아인이 전쟁을 원하지 않는다며 머스코지 지도자들이 젊은이들의 보복을 막도록 설득해서 물리적 충돌을 피하게 했다.

　그해 겨울, 텔페어 주지사는 땅투기꾼인 조지 매튜스로 교체되었다. 그는 토지 소유권을 원주민으로부터 정착민에게 평화롭게 이전시키면 많은 돈을 벌 수 있겠다고 생각했다. 시그로브가 머스코지족을 설득한 내용과는 달리 일부 조지아인들은 여전히 전쟁을 열망하고 있었다. 1794년 봄, 조지아 국경 거주자로 구성된 무장 단체는 오코니강에 독립 공화국을 세우려고 했다. 이 단체는 독립 전쟁 당시 조지아 민병대의 장군이었던 원주민 살인자, 엘리야 클라크가 이끌었다. 클라크의 반란은 그와 추종자들이 주 정부군에 항복하면서 유혈사태 없이 끝났다. 1794년 가을, 프랭클린 관리인 1,750명이 치카마우가 마을 두 곳을 수확기에 공격하여 모든 건물과 들판을 불태우고, 도망치려는 사람들을 죽였다. 치카마우가족은 공격을 버텨내지 못하고 곧 항복하고 말았다.

1780년부터 1815년까지, 원주민들은 오하이오 국가와 그 남쪽에서 발생한 분쟁으로 고국을 잃게 되는 조약을 맺게 되었다. 원주민에게 조약은 관계에 관한 것이었지만, 정착민들에게는 땅을 획득하는 거래를 의미했다. 남부 주에서 이 땅은 종종 아프리카 남성, 여성, 어린이 노예가 일하는 광대한 환금작물 농장이 되었다. 농장주들은 더 많은 돈을 벌기 위해 더 많은 토지를 확보해야 했다.

그들은 점점 더 부유해졌고, 축척된 부는 미국 경제에 활력을 불어 넣었다. 더 많은 토지와 더 많은 부를 추구하면서, 소규모 농장을 갖고 있거나 토지가 전혀 없는 정착민들은 밀려났다. 그들은 서쪽의 다른 원주민의 땅으로 무단 이주했다. 일부 정착민들은 원주민을 완전히 말살하지 못한 연방 정부를 적으로 여겼다. 그들은 자신과 비정규전을 수행한 사람들을 미국 정신을 구현한 개척 영웅으로 보았고, 시간이 지남에 따라 이런 인물들이 미국 건국 초기를 기리는 동상과 이야기를 통해 존경을 받았다.

원주민 민족들은 이미 미국 건국 초기에 너무 많은 것을 포기해야 했지만 정착민들은 여기에 만족하지 못해 더 많은 것을 원했고, 결국 몇 년 안에 원하는 것들을 얻었다. 연방군은 앤드루 잭슨의 지휘 아래 곧 정부가 원주민 강제 이주를 포함한 대량 학살 정책을 취할 것임을 분명히 했다.

6장

제퍼슨, 잭슨, 그리고 원주민 영토의 추구

1776년부터 1812년까지 남부와 오하이오 지역에서 정착민들에게 맞서 싸운 원주민 민족은 쇼니, 체로키, 머스코지만이 아니었다. 촉토족과 치카소족 같은 다른 민족들도 저항했지만, 1800년대 초반 10년 동안 모두 미국 정부에게 영토를 빼앗겼다.

미국은 다른 방법으로도 토지 기반을 늘렸다. 1803년, 토머스 제퍼슨 정부가 프랑스로부터 북아메리카의 땅 약 214만km^{2}의 토지를 사들이면서 가장 큰 규모의 확장이 되었다. 이 '루이지애나 매입'으로 미국의 면적은 두 배로 늘어났다. 파리 조약의 경우와 마찬가지로, 프랑스와 미국 정부는 정작 그 땅에 살고 있는 수족, 샤이엔족, 아라파호족, 크로우족, 포니족, 오세이지족, 코만치족 등의 원주민과는 협의하지 않았다. 결국 '루이지애나 매입'으로 알려진 영토에 15개 주인 아칸소, 콜로라

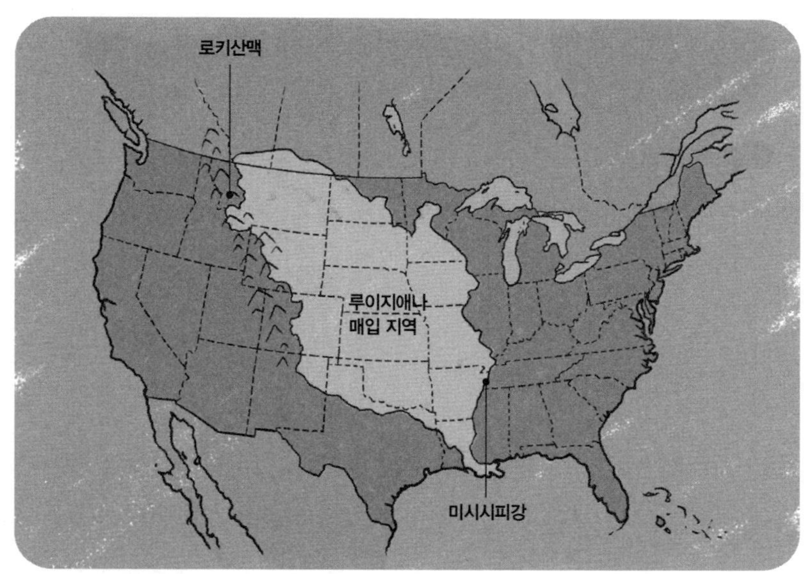

원주민들은 오늘날 '루이지애나 매입'으로 불리는 땅의 매매 과정에 참여하지 못했다

도, 아이오와, 캔자스, 루이지애나, 미네소타, 미주리, 몬타나, 네브래스카, 뉴멕시코, 노스다코타 및 사우스다코타, 오클라호마, 텍사스, 와이오밍 전부 혹은 일부가 만들어졌다. 이제 미국은 스페인이 점령한 텍사스와 로키산맥 서쪽에서 태평양에 이르는 영토보다 더 많은 땅을 차지하게 되었다.

미국 정부는 '루이지애나 매입'에 대해 프랑스와의 전쟁을 피하고 무역로인 미시시피강으로 접근하기 좋게 하는 전략적 수단으로 여겼다. 추가된 영토는 토지 투기꾼과 정착민들에게 도움이 될 것이었다. 미시시피강 서쪽 땅은 많은 원주민 국가의 본거지였지만, 미국 정부는 이곳을 고국에서 '제거한' 원주민 부족들을 수용할 장소로 사용하고자 했다. 정착민들은 넓은 토지를 대규모 농장으로 개발하기 위해 남부 원주민 국가인 촉토, 치카소, 체로키, 머스코지, 세미놀을 없애려고 했다.

토머스 제퍼슨과 앤드루 잭슨 비판적으로 살펴 보기

4장에서 다룬 체로키족을 조지아 밖으로 이주시키려는 토머스 제퍼슨의 인용문을 다시 떠올려 보자. 앤드루 잭슨은 남부 원주민들을 강제로 이주시킨 인물로 알려져 있다. 하지만 실은 제퍼슨의 아이디어를 실행한 것이었고, 대부분은 마틴 밴 뷰런 대통령 시기에 이루어졌다.

미국인들은 역대 대통령을 영웅적으로 생각하려는 경향이 있다. 어떤 사람이라도 무조건 낭만적으로 묘사하는 것은 위험하지만, 특히 토머스 제퍼슨이나 앤드루 잭슨처럼 다른 사람들에게 직간접적으로 해를 끼치며 부와 지위를 얻은 사람들의 경우에는 더욱 그렇다.

제퍼슨은 1743년, 버지니아주 섀드웰에 있는 가족 농장에서 태어났다. 그의 부모 가문은 1600년대에 도착한 최초의 영국 식민지 개척자들이었다. 정규 교육을 거의 받지 못했지만 그의 아버지 피터 제퍼슨은 토지 측량사가 되었고, 버지니아 식민지의 정확한 지도를 만들어 '개척지의 영웅'으로 인정받았다. 아버지는 토머스가 열네 살 때 사망했다. 어린 토머스는 어머니의 농장 운영을 도왔다. 이후, 그는 윌리엄 앤 메리 대학에 다니며 법학을 공부했고, 1767년에 버지니아 변호사 자격을 얻었다.

제퍼슨은 노예가 된 아프리카인들이 일하는 농장의 부유한 소유주로서 미국 건국 과정에서 중요한 역할을 할 수 있는 위치에 있었다. 그는 1801년에 대통령이 되었고, 두 번의 임기를 역임했다. 그는 정치 지도자의 지위를 얻기 위해 원주민 땅을 빼앗아 백인 미국인의 정착을 권장하면서 미국을 확장시켰다.

앤드루 잭슨은 1767년에 사우스캐롤라이나와 노스캐롤라이나 국경에 있는 스코틀랜드계 아일랜드인 마을에서 태어났다. 그의 부모는 아일랜드를 떠나 원주민 땅을 식민지화한 얼스터 스코틀랜드인의 이주 행렬을 따라 1765년, 북미에 도착했다.

잭슨은 법학을 공부하고 제퍼슨보다 20년 늦은 1787년에 변호사 시험에 합격했다. 그는 노스캐롤라이나와 테네시에서 변호사로 일했고, 정치에 참여해 미국 상원에서 잠시 테네시 대표로 활동했다. 1798년에 그는 상원에서 물러나, 주 최고 법원의 판사로 몇 년 동안 일했다. 1801년에 그는 테네시 민병대 대령으로 임명되었고, 원주민 영토를 점령하는 것이 주요 목표인 주 군대와 연방군 사령관으로 수년을 보냈다. 그는 1829년에 대통령이 되었고, 두 번의 임기를 역임했다.

제퍼슨과 잭슨은 둘 다 노예 노동자 없이는 운영할 수 없었던 대규모 농장을 소유했고 주 민병대에서 복무했으며, 원주민에게서 토지를 빼앗는 데 열심이었다. 제퍼슨의 무기는 정치였다. 그는 정착민들이 원주민 땅을 사용하고 빼앗는 것이 문제가 되지 않게 하는 정책을 만들었다. 잭슨은 민병대와 군대를 이끌고 실제로 무력을 행사하여 원주민 땅을 점령했다.

많은 이들은 이 두 사람을 '영웅'이라고 생각한다. 그러나 원주민들도 그렇게 생각할까?

불공정한 거래에 저항한 원주민들

남동부 지역에 새롭게 등장한 미국 공화국은 원주민 부족들이 플로리다에서 스페인과 계속 무역하는 것을 매우 어렵게 만들었다. 부족들은 미국 상인들하고만 독점적으로 무역을 해야 했고, 곧 큰 빚을 지게 되었다. 유일한 탈출구는 그들에게 토지를 내주는 것뿐이었다.

이것은 우연한 결과가 아니었다. 이러한 상황은 원주민 땅을 얻으려는 토머스 제퍼슨과 여러 사람이 만들어내고, 조장한 것이었다. 1803년에 제퍼슨은 정부가 원주민들을 속여 그들의 땅을 빼앗기 위한 정책을 제안하기까지 했다.

첫째, 정부는 정착민들을 원주민 영토 안팎에 이주시켜 원주민이 그곳에서 사냥을 못 하게 한다. 그러면 원주민들은 농사를 지어야 하고, 필요한 장비를 사들이기 위해 빚을 지게 될 것이다. 1803년, 토머스 제퍼슨은 윌리엄 헨리 해리슨에게 보낸 편지에서 다음과 같이 썼다.

나는 원주민 중에 선하고 영향력 있는 사람들이 빚을 지게 되는 것을 기꺼이 보고 싶네. 왜냐하면 이 빚이 개인이 갚을 수 있는 한도를 넘어서면, 그들이 토지를 양도하여 빚을 갚을 것이기 때문이네.[3]

제퍼슨이 세운 계획의 효과는 촉토 부족과 치카소 부족이 맺은 조약에서 분명하게 드러난다. 1805년에 촉토족은 대부분의 토지를 50,500달러(2025년 기준 약 1,310,000달러)에 미국에 양도했고, 치카소족은 테네시강 북쪽의 모든 토지를 20,000달러(2025년 기준 약 500,000달러)에 넘겨주었다. 많은 촉토족과 치카소족은 땅을 잃고, 빚과 가난에 시달렸다.

비록 미시시피강 동부와 남동부의 많은 원주민 민족이 대부분의 영토를 잃었지만, 이에 대한 원주민들의 저항은 계속되었다. 그 저항의 장소 중 하나는 머스코지 국가였다.

머스코지 국가 내부의 두 집단 사이에는 갈등이 있었다. 하천 하류 크리크 집단은 정착민처럼 되고 싶어 했고, 하천 상류 크리크 집단은 그들의 전통 문화를 지키고 싶어 했다. 하천 하류 크리크족은 사유 토지를 경작하기 위해 물품을 구입하고, 정착민에게 경제적으로 의존하게 되면서 점차 빚을 지게 되었다. 이는 베테랑 미국 인디언 담당자 벤저민 호킨스가 부지런히 작업한 결과였다. 1796년에 조지 워싱턴은 그를 머스코지족, 그리고 오하이오강 남쪽의 부족들과 일하도록 임명했다. 그의 임무는 원주민들이 유럽계 미국인의 가치와 생활 방식을 따르도록 설득하는 것이었다. 호킨스는 주로 하천 하류 집단과 협력하여 하천 상류 크리크 집단을 고립시켰다.

수년에 걸쳐 전통주의자 원주민들과 유럽계 미국인의 사상을 받아들인 원주민 사이에는 긴장이 고조되었다. 1813년, '레드 스틱스(Red Sticks)'라고 불리는 전통주의 전사들이 호킨스의 프로그램과 관련된 모든 사람들을 공격하면서 머스코지 민족간 갈등은 내전으로 폭발했다. 레드 스틱스는 머스코지족의 가축을 죽여 미군 병사들의 식량을 축내고, 식민지 개척자들의 영향에서 머스코지 문화를 벗어나게 하려는 전략이었다. 그러나 이 공격은 앤드루 잭슨이 이끄는 테네시 민병대의 대량 학살 반격을 불러왔다. 잭슨의 목표는 머스코지 민족을 모조리 제거하는 것이었다.

레드 스틱스의 동맹에는 쇼니 전사와 노예 제도에서 해방된 아프리카계 사람들이 포함되었다. 1813년에 그들은 가족들과 함께 현재 앨라배마주 탈라푸사강의 호스슈벤드(말발굽 모양으로 굽은 지역)에 있는 토호페카에 요새화된 진지를 세웠다. 잭슨은 1814년 3월에 하천 하류 크리크족들과 체로키족 동맹군 600명, 기마 민병대 700명을 동원해 레드 스틱스 요새를 공격했다. 용병들은 레드 스틱스의 여성과 아이들 300명을 인질로 삼아 머스코지족의 항복을 요구했다. 그 결과, 약 천 명의 레드 스틱스 전사와 동맹군 전사 800명이 사망했다. 잭슨은 49명의 병사를 잃었다.

역사 교과서에도 실린 호스슈벤드 전투 이후 잭슨의 군대는 토호페카에서 죽인 사람들의 시신을 훼손했는데, 시체의 피부로 말고삐를 만들고 시체 일부를 잘라 '기념품'으로 친구와 가족, 친구에게 보내는 기괴한 행동을 일삼았다.

머스코지 민족은 1814년에 항복 문서인 크리크족과의 조약에 강제 레드 스틱스와 동맹국은 진지 주변에 정교한 요새를 건설했다. 그 복잡한 구조는 잭슨을 놀라게 했고, 오늘날의 역사가들에게도 여전히 깊은 인상을 주고 있다. 1815년에 발표된 정부 문서에 따르면 벽은 높이가 약 (1.5~2.5m)에 이르는 두 줄의 무거운 통나무로 만들어졌다. 두 줄 사이에는 점토를 다져 넣었다. 발사된 포탄은 벽에 박히거나 튕겨져 나갔다.

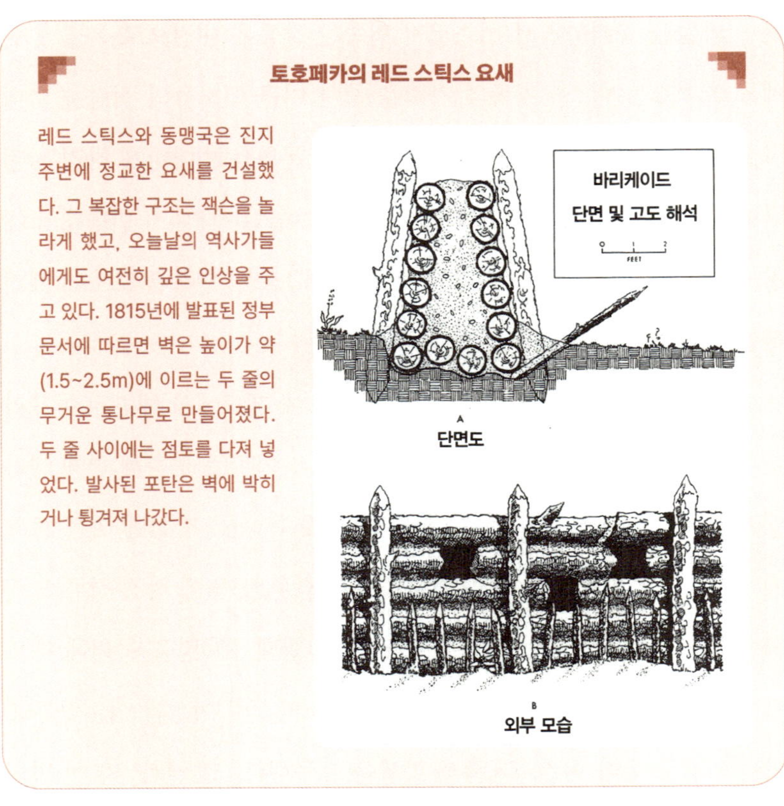

로 서명했다. 이 조약은 89,000km^2 이상의 머스코지 땅을 미국에 양도하고, 머스코지 사람들은 서쪽 지역으로 이주하도록 하는 내용이었다. 이로 인해 머스코지 민족의 영토는 이제 정착민에게 완전히 넘겨졌다. 그렇게 해서 이 땅은 몇 년 뒤, 앨라배마주와 미시시피주가 되었다.

이 조약의 첫 번째 단락에는 머스코지가 "국가 정의와 명예로운 전쟁의 원칙"에 따라 패배했다고 적고 있다. "정의롭고 명예로운 전쟁"이라는 주장은 누구에게도 받아들이기 어려울 것이다. 그들이 머스코지족의 시체를 훼손한 행위는 '명예로운 전쟁'이라는 주장 자체를 무너뜨리는 것이다. 잭슨의 군대 편에서 함께 싸웠던 하천 하류 크리크족의 소규모 집단은 살려 달라고 간청했지만, 잭슨에겐 통하지 않았다. "우리는 이런 경우, 적들을 정신 차리게 하려고 그냥 죽여 버린다"[4]고 설명했다. 잭슨은 이런 대량 학살에 대해 질책을 받기는커녕 제임스 매디슨 대통령으로부터 미 육군 소장의 임명장을 받기도 했다.

크리크 전쟁이 끝났을 때, 레드 스틱스 중 일부는 플로리다 에버글레이즈의 세미놀 민족에 합류했다. 오늘날 세미놀로 알려진 원주민들은 원래 현재 플로리다 서쪽의 좁고 긴 지역을 흐르는 강 주변에 두루 마을을 형성해서 살고 있었다. 저항 속에서 생겨난 세미놀 영토는 수십 개의 서로 다른 원주민 공동체의 난민과 노예 제도에서 탈출한 아프리카계 사람들을 받아들였다.

1817년에 미국은 세미놀 민족과의 세 번에 걸친 전쟁 중 첫 번째 전쟁을 시작했다. 제1차 세미놀 전쟁(1817~1819)은 미국이 미국 농장주들의 '재산', 즉 탈출한 노예들을 되찾아 오기 위해 스페인령 플로리다에 불법으로 진입하면서 시작되었다. 그러나 세미놀 부족은 이 침략을 격퇴했다. 1818년에는 제임스 먼로 대통령이 앤드루 잭슨 소장에게 3천 명의 군인을 이끌고 플로리다로 들어가 세미놀족을 진압하고, 도망쳐 피신해 있던 노예들을 모두 잡아오라고 명령했다. 잭슨의 군대는 여럿의 세미놀 정착지를 파괴했지만 저항군을 제거하지 못했고, 피난민을 노예 농장으로 강제로 돌려보내려는 시도는 좌절되었다.

세미놀족은 결코 정복되지 않았으며, 미국과 조약을 맺은 적도 없다. 일부는 1832년에 오클라호마로 강제 이주했지만, 세미놀 민족은 에버글레이즈에서 지금까지 살아남아 있다.

잭슨의 인종 청소

잭슨이 대통령으로 당선되자 조지아주 의회는 체로키 민족의 토지 대부분을 자기들 것이라고 주장했고, 체로키 헌법과 법률이 무효라고 결정했으며, 체로키는 조지아 법을 적용받는다고 선언했다. 이에 대해 체로키 민족은 즉각 반발하며 미국 대법원에 소송을 제기했다. 1829년, 이 사건이 법원에서 진행되는 동안 조지아에서 금이 발견되었다. 금을 찾아 몰려든 4만 명의 사람들이 체로키 땅을 짓밟으며 지나갔다. 이후 대법원은 체로키 민족에 관한 또 다른 사건을 심리했다. 두 사건 모두에서 법원은 주의 법이 원주민 국가의 법률을 무효화할 수 없다고 판결했다.

잭슨은 대통령으로서 이 조약을 지지하겠다고 선서했음에도, 체로키족이나 다른 부족 국가의 권리를 보호하는 데 전혀 관심을 보이지 않았다. 그는 오로지 미시시피강 건너편으로 모든 원주민을 강제로 이주시키는 데에만 관심이 있었다.

국가 관료의 정치적 수사를 해석하는 방법을 배우는 것은 중요하다. 그들은 종종 무언가를 말하지만, 실제 내용은 완전히 다른 것을 의미하곤 한다. 잭슨 대통령이 1829년, 원주민 강제 이주에 관해 의회에 보낸 메시지를 비판적으로 분석해 보자.

"원주민들에게 조상의 무덤을 버리고 먼 곳으로 가라고 강요하는 것은 부당하고 잔인하므로 이주는 자발적이어야 한다. 그러나 미국의 영토 내에 있으면 그 나라의 법률을 따라야 한다는 점을 원주민들에게 분명히 알려야 한다. 그에 대한 대가로 개개인이 열심히 일해서 얻은 원주민들의 재산은 보호받을 수 있을 것이다."

잭슨의 말을 들은 정착민들은 그를 좋은 사람이라고 생각했을 것이다. 하지만 원주민들은 그의 연설을 이렇게 받아들였을 거라고 생각한다.

"우리는 원주민들에게 잔인하게 대하지 않을 것이다! 우리는 좋은 미국인이다! 우리는 당신들을 걱정해 주고 있다. 하지만 당신들이 미시시피강 동쪽에 머물려면 원주민으로 사는 걸 포기하고 미국인이 되어야 한다. 그리고 우리의 법을 따라야 한다. 그러면 집과 농장, 가축 등을 지킬 수 있다. 그것을 거부한다면 당신들은 이주해야만 한다."

또는 잭슨의 연설에 이렇게 반응할 수도 있다.

"우리는 이런 말을 전에도 들어 본 적이 있다. 내일이면 그들은 말을 바꿀 것이다. 아니, 오늘도 진심이 아닐지도 모른다. 이들 미국 지도자들은 우리의 삶에 관심을 두는 척하다가 우리를 속인 것이 한두 번이 아니다. 그는 우리가 집과 조상들의 무덤을 떠나거나, 군인들이 보지 않는 순간 우리를 공격할 가능성이 있는 정착민들 사이에서 농부로 살아야 한다고 한다. 백인 이웃들은 우리가 농사로 빚을 지게 된다는 사실을 알고 있다. 우리가 여기에 머무르는 것은 더 이상 우리의 국가로 존재하지 않는다는 것을 의미한다. 하지만 우리의 집과 땅을 떠나 서쪽으로 가라는 것은 우리가 강요받은 가장 잔인한 선택지다."

'자발적 이주'라는 표현을 사용한 잭슨의 정치적 수사는 자신의 진짜 의도를 감추기 위한 것이었다. 그의 추방 정책은 앞서 소개한 UN이 내린 '인종 청소'에 대한 정의와 같다.

잭슨 대통령은 의회와 협력해서 '인디언 이주법'에 대한 동의를 받았다. 1830년에 통과된 이 법안으로 정부는 미시시피강 서쪽에 원주민들을 위한 토지를 만들어 각 부족들에게 할당할 수 있도록 새로운 조약을 체결했다. 그 내용은 미시시피강 서쪽 땅의 대가로 원주민의 땅을 미국에 양도하는 것이다. 미국 정부 요원들은 체로키 부족의 지도자들이 새로운 조약에 서명하는 것을 거부하자, 그들을 감옥에 가두고 부족의 인쇄소를 폐쇄했다. 지도자들이 투옥되자, 미국은 체로키 민족을 대표할 권한이 없는 일부 체로키족과 협상했다. 그렇게 해서 잭슨은 강제 이주를 정당화하는 데 필요한 서명된 동의서를 얻었다.

눈물의 길

대부분의 교과서는 '강제 이주'에 대한 내용에서 '눈물의 길'이라는 용어를 사용하며 체로키 부족의 사례에만 초점을 맞춘다. 실제로 인디언 이주법의 결과는 수많은 눈물의 길들을 만들어냈다.

이 법이 통과된 후, 미국은 뉴욕과 미시시피 사이에 살던 26개 원주민 민족과 무려 86개의 조약을 체결했다. 모든 조약은 원주민 민족들에게 토지를 양도하도록 강요했고, 결국 강제 이주로 이어졌다. 키카푸족의 일부는 미국을 떠나 캐나다나 멕시코로 도망치기도 했다.

소크 민족의 블랙 호크(Black Hawk)는 '인디언 이주법'에 대항한 지도자 중 하나였다. 1832년에 블랙 호크는 소크족의 영토가 합법적인 방법으로 양도되지 않았다고 믿고, 현재의 아이오와에서 그의 고향인 일리노이로 구성원들을 이끌었다. 그곳의 정착민들은 이들이 자신의 땅에 침입했다고 생각했다. 일리노이주 민병대와 연방군은 4개월에 걸쳐 많은 소크족을 학살했고, 그로 인해 일어난 '블랙 호크 전쟁'의 결과로 소크족은 아이오와의 소크-폭스 보호구역으로 쫓겨나게 되었다. 일리노이의 정착민들은 자신들이 침략당하고 있다고 생각했다.

1817년, 체로키 조약에 따라 일부 체로키족은 고향을 떠나 현재의 아칸소주로 이주했다. 1832년에 그보다 더 큰 집단이 떠났지만, 대부분은 자신들의 영토에 남아 있었다. 체로키 부족의 지도자들은 강제 이주법이 통과되기 전후로 이에 항의하고, 체결한 조약을 존중할 것을 요청하는 편지를 여러 차례 의회에 보냈지만 성공하지 못했다. 1838년에 체로키 민족의 강제 행진이 시작되었다. 지금은 '눈물의 길'로 알려진 이 길은 조지아와 앨라배마에 남아 있는 체로키족 고향에서 나중에 오클라호마 북동부가 되는 곳에 이르기까지의 고통스럽고 힘든 여정이었다.

남북전쟁 이후, 언론인 제임스 무니는 강제 이주 당했던 사람들을 인터뷰했다. 그는 이 기록을 바탕으로 미군이 마지막 체로키족들을 강제로 쫓아냈던 1838년의 사건을 다음과 같이 전한다.

소총과 총검으로 무장한 여러 부대가 파견되어 산골짜기나 시냇가에 숨겨진 작은 오두막까지 샅샅이 수색하고, 발각되는 사람은 무조건 포로로 끌어갔다. 저녁 식사를 하던 가족들은 갑자기 들려오는 총소리에 깜짝 놀랐고 구타를 당했으며, 서약을 한 후 곧바로 감옥으로 보내졌다. 남자들은 들판에서 혹은 길을 가다가 붙잡혔고, 여자들은 물레 앞에서, 아이들은 놀이터에서 붙잡혀 갔다. 그들이 능선을 넘으며 마지막으로 본 것은 약탈을 위해 군인들의 뒤를 쫓는 무법 폭도들이 그들의 집에 불을 지르는 모습이었다. 현장의 무법자들은 너무 급한 나머지 군인들이 원주민을 옮기자마자 이들의 가축을 다른 방향으로 몰아내고 있었다. 무법자들은 인디언의 무덤을 파헤쳐, 죽은 사람의 은 장식과 기타 귀중품을 강탈했다. 나중에 남부 연합군 대령이 된 조지아의 한 지원병은 이렇게 말했다. "나는 남북전쟁에서 총에 맞아 수천 명이 학살되는 것을 보았다. 하지만 체로키족의 강제 이주는 내가 아는 한 가장 잔인한 일이었다."[5]

한겨울에 체포되어 강제 행진을 했던 16,000명의 체로키족 남성, 여성, 어린이 중 절반이 이동 중에 죽었다.

머스코지와 세미놀 사람들도 강제 이주 과정에서 비슷한 사망률을 보였다. 수많은 치카소와 촉토인들도 그렇게 죽었다. 프랑스의 정치학자인 알렉시스 드 토크빌은 1831년, 멤피스에서 미시시피강을 건너려

　아메리카 신대륙 발견은 맞는 말일까?

고 준비하는 대규모 촉토족 집단을 관찰한 내용을 다음과 같이 썼다.

그때는 한겨울이었고, 유난히 추위가 심했다. 눈은 땅 위에 딱딱하게 얼어붙었고, 강에는 거대한 얼음덩어리들이 떠다녔다. 원주민들은 가족과 함께 있었고 부상자와 병자, 갓난아기, 죽음의 문턱에 있는 노인들까지 모두 함께였다. 그들에겐 천막도, 마차도 없이 무기와 약간의 식량만 갖고 있었다. 나는 그들이 넓은 강을 건너기 위해 배에 오르는 것을 보았는데, 그 광경은 평생 결코 잊지 못할 것이다. 군중들 사이에서는 비명도, 울음소리도 들리지 않았다. 모두가 무거운 침묵 속에 있었다. 그들의 재앙은 오래된 것이었고, 그들은 그 불행에서 쉽게 빠져나오지 못할 것을 알고 있었다. 원주민들은 모두 배에 올랐지만, 개들은 강둑에 남아 있었다. 개들은 주인이 강가를 떠난다는 것을 알아차리자마자 미친듯이 울부짖었고, 미시시피강의 얼음물에 뛰어들어 배를 따라 헤엄쳤다.[6]

미국 독립 당시, 이제 미국인이 된 250만~400만 명의 유럽인 대부분은 대서양에서 80km 이내의 내륙에 살고 있었다. 다음 반세기 동안 세계 역사상 가장 규모가 크고 빠른 이주 중 하나인 400만 명 이상의 정착민들이 애팔래치아산맥을 넘어 서쪽으로 들어갔다. 이 과정에서 토머스 제퍼슨의 사상과 앤드루 잭슨의 행동 덕분에 미국은 하나의 대륙에서 제국으로 성장할 수 있었다.

원주민 땅을 빼앗는 일은 미시시피강 동부의 부족을 미시시피강 서쪽의 '원주민 영토'로 강제 이주시키는 것으로 끝나지 않았다. 결국 북미 대륙의 모든 원주민 부족들은 미국 정부의 도움을 받으며 파괴, 제거 또는 동화에 집중하는 정착민을 상대해야 했다. 제임스 먼로 행정부는 1824년, 전쟁부에 원주민 담당 사무국을 설치했다. 당시 이 부서는 미국과 원주민 민족 간의 전쟁을 끝내기 위한 조약 협상을 담당했다. 25년 후, 이 사무 부서는 내무부로 이전되었다. 이는 미국과 멕시코가 '과달루페 이달고 조약'에 서명한 후였다. 이 조약으로 미국은 약 130만km^{2}가 넘는 땅이 추가되어 애리조나, 캘리포니아, 네바다, 유타, 콜로라도 일부, 뉴멕시코, 와이오밍주가 되었다. 이러한 움직임은 정부 관리들이 무장한 원주민의 저항에 대해 더는 문제가 되지 않을 거라고 믿었다는 것을 의미한다.

하지만 그것은 실수였다.

7장

바다에서 빛나는 바다까지

토머스 제퍼슨과 당시의 정치 지도자들은 대서양에서 태평양까지, 대륙 전체를 아우르는 나라를 꿈꾸었다. 미국 '제2의 국가'로 불리는 노래 〈아름다운 미국(America the Beautiful)〉에는 미국을 묘사하기 위해 '바다에서 빛나는 바다까지'라는 표현이 있다. 실제로 원주민들은 제퍼슨의 생각보다 이미 수천 년 앞서 태평양과 대서양 연안을 외교 및 문화 교류 네트워크로 연결했다. 제퍼슨이 말한 목표를 달성하려면, 이제 막 건국한 미국은 미시시피강 서부 땅을 침공하여 점령해야만 했다.

원주민들은 미국과 맞닥뜨리기 전에 스페인 침략과 점령에 맞서 싸웠고, 멕시코가 스페인으로부터 독립한 뒤에는 멕시코의 식민지 개척자들과도 싸워야 했다.

이 장에서는 오늘날 우리가 미국 남서부로 알고 있는 애리조나, 캘리포니아, 콜로라도, 뉴멕시코, 텍사스, 유타 지역 원주민들의 경험을 살펴볼 것이다.

스페인과 멕시코 점령에 맞선 원주민의 저항

1500년대 초, 스페인은 현재 미국 남서부에 해당하는 광대한 땅에 대한 소유권을 주장하면서 이 지역을 '누에바 에스파냐(새로운 스페인)'라고 불렀다. 우리는 유럽인들이 '발견했다'고 주장하는 영토를 차지하고 이를 정당화하기 위해 그곳에 먼저 거주하고 있던 사람들을 무시하면서 '발견의 교리'를 만든 것을 기억할 필요가 있다. 원주민의 관점에서 볼 때, 원주민 토지에 대한 유럽인의 주장은 전혀 합법적이지 않다. 그러나 유럽인들이 만든 '발견의 교리'의 사고방식에 원주민들이 영토에 대해 가진 생각은 별 의미가 없었다.

누에바 스페인에는 아파치, 캐도, 코만치, 미웍, 나바호, 푸에블로, 유트 및 수많은 원주민 부족들이 살고 있었다. 이들 원주민 집단 중 일부는 멕시코만이나 태평양 연안을 따라 공동체를 이루거나 사막 지역의 주요 강을 따라 마을과 농장을 건설했다. 이동성이 높은 집단은 사냥감, 물과 기타 자원이 이용 가능한 곳으로 모두가 함께 이동했다. 이들은 수백 가지 언어를 사용했지만, 모두 태평양과 대서양 연안의 민족을 연결하는 광범위한 원주민 교역 네트워크의 일부였다. 부족들 사이에 자원을 둘러싼 갈등이 전쟁으로 발전하기도 했지만 그럴 때면 외교로 갈등을 해결했다.

누에바 스페인 북부 전역의 점령은 군대, 가톨릭교회, 광부와 정착민 중심으로 이루어졌다. 스페인 군대는 영토 점령과 착취에 대한 원주민의 저항으로부터 선교 시설, 정착민, 광산을 보호했다. 선교사들은 원주민을 기독교로 개종시키는 것이 목적이었고, 동시에 선교와 왕권 지원에 그들을 강제 노동력으로 활용했다. 스페인은 가톨릭 선교와는 별도로, 모든 원주민을 생존을 위해 스페인과의 무역에 의존하도록 만들려고 했다. 또한 조약 및 비공식 협정을 포함한 외교를 통해 식량, 말, 가축 등을 제공하고, 원주민의 토지와 자원을 차지하려고 했다.

현재의 애리조나주와 뉴멕시코주 지역의 원주민들

16세기 후반, 오늘날의 애리조나, 콜로라도, 뉴멕시코, 유타 지역에는 아파치족과 나바호족을 포함한 원주민들이 살고 있었다. 이들은 서로 연결된 98개의 도시국가와 100개 이상의 원주민 공동체에 흩어져 살았으며, 그중에는 호피족, 주니족, 타오스족, 피쿠리스족, 남베족도 포함되어 있었다.

1598년에 스페인 사람들이 이 지역을 침략했을 때, 그들은 원주민 도시국가를 '푸에블로(마을)'라고 불렀고, 나중에는 이 단어가 그 지역의 원주민들을 가리키는 말이 되었다. 푸에블로 원주민들은 관개에 기반한 농업 방식과 매우 깊이 있는 종교를 갖고 있었다. 그러나 푸에블로 민족에 대한 스페인의 공격은 잔인했다. 그들은 불과 20년 만에 푸에블로 마을 대부분을 파괴하고, 주민들을 노예로 삼았다. 프란체스코 선교사들은 군대의 지원을 받아 푸에블로의 종교 활동을 금지하고, 기독교로 개종하도록 강요했다. 그런 상황에서도 스페인에 대한 푸에블로의 저항은 계속되었다.

1680년에 종교 지도자인 포파이(Po'pay)는 계획된 반란을 주도했다. 이 혁명은 나바호족, 아파치족, 유트족이 지원하고, 스페인 사람들의 중심지 산타페의 포로 원주민과 메스티소 하인들, 그리고 노동자들도 합류했다(메스티소는 혼혈 인종으로, 일반적으로는 원주민과 스페인인의 혼혈이다).

푸에블로와 동맹군은 스페인군을 몰아내고, 12년 동안 자유를 누렸다. 그 후 스페인은 다시 이 지역을 침략하여 재식민화했다. 이후 130년 동안 스페인은 푸에블로족을 엄격히 통제했고, 다른 원주민 민족들을 침략하기 위해 원주민을 보병으로 참전하도록 강요했다. 1821년, 멕시코 독립으로 스페인의 푸에블로족에 대한 박해는 끝이 났지만, 그 무렵에는 이미 식민지 개척자들이 푸에블로족의 고향 대부분을 점령한 상태였다.

현재 텍사스 지역의 원주민들

현재 텍사스에 해당하는 지역에 살던 원주민은 캐도족처럼 걸프 해안을 따라 살았던 사람들과 아파치족, 코만치족 및 키오와족과 같이 내륙에 고향을 둔 사람들도 있었다.

이들이 유럽인들과 접촉한 것은 아마도 1528년에 한 스페인 탐험대가 미시시피강 삼각주 서쪽 걸프 연안에 상륙하면서부터 시작되었을 것이다. 그러나 스페인군이 이 지역의 가장 외진 곳을 점령하기까지는 거의 200년이 걸렸다. 1718년에 그들은 텍사스에 첫 번째 도시인 샌안토니오를 세웠고, 프란체스코회 선교사들은 샌안토니오 데 발레로(현재는 알라모 요새로 알려져 있다)에 오늘날 선교지를 세웠다.

스페인은 점령 기간 동안 아파치족, 코만치족 등의 원주민과 평화로운 관계를 유지하는 것이 쉽지 않았다. 멕시코가 스페인으로부터 독립한 후에도 원주민과 외교 관계를 지속하려 했다. 그러나 이 외교 관계에는 비용이 너무 많이 들었기 때문에 스페인은 약속을 잘 지키지 못했다. 아파치족은 이에 대응하여 멕시코 북부 여러 주의 스페인 정착지를 급습했다. 코만치족과 카이오와족도 1830년대와 1840년대에 정착민들을 향한 공격을 확대하고 중심부인 두랑고, 사카테카스 및 산루이스포토시를 공략했다.

이 전쟁으로 정착민과 원주민 수천 명이 목숨을 빼앗겼고 멕시코 북부는 상당한 경제 기반이 파괴됐다. 이로 인해 멕시코 정부는 극도로 약화되어 1846년 미국이 전쟁을 선포했을 때, 전투 능력을 제대로 발휘하지 못하게 되었다.

현재 캘리포니아 지역의 원주민들

지금은 캘리포니아라고 불리는 지역의 원주민들에는 추마시족, 코스타노안족, 에셀렌족, 가브리엘리뇨족, 쿠메야이족, 루이세뇨족, 미웍족, 올로니족, 살리난족 및 와포족 등이 있었다.

스페인은 1520년대에 이 땅을 차지했다고 주장했지만 약 250년이 지나서야 식민지화 과정을 시작했다. 스페인 왕실은 은을 포함한 자원을 공급받고 다른 유럽 강대국들을 방어하기 위해 1769년에 군대와 정착민, 선교사를 현재의 캘리포니아 지역으로 이주시키기 시작했다. 그해 후반에 프란체스코회 수사인 후니페로 세라는 샌디에이고 선교단을 설립했다. 이밖에 다른 많은 선교단이 '프레시디오'라고 불리는 군사 시설의 보호를 받았다.

1769년에서 1823년 사이, 프란체스코회 선교단 21곳이 엘 카미노 레알(El Camino Real, '왕의 길')의 남북 도로를 따라 세워졌다. 이 길은 캘리포니아 서부에서 800km 넘게 뻗어 있었다. 엘 카미노 레알은 군대, 정착민, 광부, 선교사들의 이익을 위해 만들어졌다. 세라는 군인들과 함께 선교부 사이를 이동하며 원주민과 그의 가족들을 납치해, 인근 선교부로 데려가서 강제로 기독교로 개종시키고 일꾼으로 삼았다. 세라는 일기에 납치 장면을 다음과 같이 기록했다.

한 사람이 '군인의' 손에서 도망치면, 다른 한 사람을 붙잡았다. 그들은 그를 묶었다. 그는 묶인 상태에서도 끌려가지 않으려고 바닥에 엎드려 필사적으로 방어했기 때문에 넓적다리와 무릎은 긁히고 멍이 들었다. 그러나 결국 끌려와 …… 그는 매우 겁을 먹고 불안해했다.[1]

원주민들이 겪은 폭력은 붙잡힌 순간에서 끝나지 않았다. 당시의 기록을 보면 왜 그렇게 많은 '선교단 원주민'들이 기회가 있을 때마다 도망치려 했는지 그 이유를 알 수 있다. 그만큼 선교단 생활은 잔혹했다. 선교단 매장지에서 발굴된 뼈들을 다른 곳에서 발견된 뼈들과 비교 분석한 결과, 선교단에서 사망한 사람들의 뼈는 발육이 부진하고 다른 이들의 뼈보다 더 작았다. 선교단의 원주민 상황은 악명 높았지만, 유럽인 감시자들과 스페인 관리들의 반대로 프란체스코회는 아무런 변화도 시도하지 않았다.

1775년에 샌디에이고 선교단 근처의 15개 마을에서 온 600여 명의 원주민들로 구성된 군대는 조직적으로 공격을 감행하여 선교단을 불태였다. 모든 선교단의 관리들은 이와 비슷한 조직적인 공격과 봉기가 다시 일어날까 봐 프란체스코회는 몹시 두려워했다. 스페인 군대는 1779년까지 선교단을 보호했지만, 그 무렵부터 식민 정부의 관심은 선교 목적이 아닌 비종교적인 마을을 만들고, 지원하고, 보호하는 데 중점을 두는 정책으로 옮겨갔다.

한편, 아메리카 대륙의 스페인 제국은 점차 무너지고 있었다. 원주민들은 1800년대 초, 남미와 카리브해 전역의 독립운동에서 핵심적인 역할을 했다. 1810년, 멕시코 원주민 공동체에 깊이 관여했던 미구엘 이달고 신부는 반란을 주도했고, 그 결과는 1821년 멕시코의 독립으로 이어졌다. 이 운동에 참여한 전투원 대부분은 원주민 출신이었다.

북부 멕시코 식민지화

오늘날의 텍사스, 뉴멕시코, 애리조나, 유타, 네바다, 콜로라도, 캘리포니아주가 된 영토는 멕시코가 스페인으로부터 독립하기 훨씬 전부터 이미 미국이 관심을 기울이고 있었다. 1806년, 토머스 제퍼슨 행정부 시절에 제불론 파이크 육군 중위는 나중에 군사 침입시 사용할 수 있는 정보를 수집하기 위해, 소규모 병력과 함께 스페인이 점령한 곳으로 들어가라는 명령을 받았다. 본질적으로 파이크는 루이스와 클라크 탐험대처럼 '탐험'을 가장한 첩보 활동을 했다. 파이크와 그의 부대는 길을 잃은 척하면서 오늘날 남부 콜로라도로 불리는 스페인 점령지에 요새를 만들었다. 스페인 당국은 그들을 체포한 뒤, 멕시코 치와와로 이송했다. 사실 이 체포는 파이크가 의도한 것이었다. 덕분에 그와 부하들은 이 지역의 스페인 세력에 관한 정보를 기록할 수 있었다. 그는 풀려난 후에 그 기록들을 책으로 만들었고, 1810년에 출판된 《제불론 몽고메리 파이크의 탐험》은 베스트셀러가 되었다.

미국 상인들은 파이크의 책이 출판되기 전에는 멕시코와의 무역에 거의 관심이 없었다. 그러나 파이크가 모피와 은을 거래하는 수익성 높은 원주민 네트워크에 대해 책에 쓴 후부터 미국 상인들은 생각을 바꾸어 그 무역을 장악하려고 했다.

이들 무역업자들은 미국이 멕시코 북부를 정치적으로 통제하는 데 도움이 되었다. 그중에는 그곳의 부유한 스페인 가족과 결혼한 크리스토퍼 휴스턴 키트 카슨 같은 미국 시민도 있었다. 이러한 결혼은 무역업자와 부유한 스페인 가문 사이에 강력한 동맹을 형성해, 원주민 및 다른 사냥꾼들과의 수익성 있는 모피 무역을 그들이 통제하기 더 쉬워졌다.

미국 정착민들도 멕시코의 토지 분배 제도를 이용해 멕시코 영토로 진출하기 시작했다. 1823년부터 멕시코 정부는 최소 200가구를 모집한 미국인 대리인에게 현재의 텍사스주 지역의 토지를 부여했다. 멕시코 독립 후 첫 10년 동안, 약 3만 명의 정착민이 미국에서 텍사스로 몰려들었다.

세인트루이스는 곧 멕시코 북부 무역의 핵심 도시가 되었다. 이곳은 미국 동부 해안 도시들에 있는 대서양 무역 회사들과 연결되어 있었고, 멕시코 항구보다 더 나은 품질의 상품을 다루고 있었다. 이 무역에 사용된 많은 경로는 원주민들의 전통 무역 경로를 따라 만든 것이었다. 미국 의회는 1825년에 미주리주와 멕시코 북부 도시를 연결하는 무역 경로에 대한 조사를 승인했다. 훗날 '산타페 트레일'로 알려진 이 경로는 아파치, 아라파호, 샤이엔, 코만치, 히카릴라 아파치, 코, 카이오와, 포니

및 푸에블로 민족의 영토를 통과했다. 의회는 상인들이 그들의 땅을 횡단할 수 있도록 허용하기 위해, 오세이지와 같은 일부 민족과 조약을 체결했다. 하지만 상인들이 자기 영토에 들어오는 것을 반대하는 원주민들은 그들의 통행을 방해하고 공격하기도 했다. 잭슨 대통령 집권 첫해인 1829년, 미국은 상인들과 화물을 보호하기 위해 무장 호위 군인을 제공하기 시작했다.

멕시코는 1829년에 이미 노예 제도를 금지했지만, 텍사스주의 토지보조금 중 상당수는 노예 노동자를 고용한 미국 농장 소유주에게 주어졌다. 역사가들은 일반적으로 그들을 '영미인(Anglo-Americans)'이라고 부른다. 그들은 멕시코 정부에 노예제 금지를 철회하고 정착민들을 위한 정책으로 바꾸도록 계속 압력을 가했다. 수년에 걸쳐 긴장이 고조되었고, 때로는 폭력이 발생하기도 했다. 결국 이 부유한 정착민들은 텍사스를 멕시코로부터 분리하려는 계획을 세웠다. 이 계획은 유명한 1836년 알라모 전투를 포함하는 전쟁으로 발전했다. 영미군은 이 전투에서 패했지만 한 달도 안 되어 샌재신토 전투에서 결정적인 승리를 거두었고, 멕시코는 텍사스 영토를 내주어야만 했다. 이 갈등은 훗날 미국이 멕시코를 침공하는 토대를 마련했다.

영미인들이 이때 현재의 캘리포니아와 오리건에 해당하는 멕시코 영토를 여러 차례 탐험한 것은 나중에 미국이 침략할 수 있는 길을 닦는 데 도움이 되었다. 수십 년 전에 제불론 파이크가 그랬던 것처럼 존 프레몬트 대위와 안내원 키트 카슨은 군대의 정복에 도움이 될 정보를 수집하기 시작했다. 이러한 탐험은 파이크의 탐험처럼 불법이었고, 멕시코 당국의 골칫거리였다. 예를 들어, 프레몬트는 전쟁 가능성이 점점 더 커지고 있던 1846년에 새크라멘토 밸리로 갔다. 그는 미국이 멕시코에 선전 포고를 한다면 영미 정착민들이 미국 편에 서도록 군사적 보호를 제공해 주겠다고 약속했다.

그해 말, 미국은 멕시코 북부의 여러 주와 태평양 및 걸프 연안에서 군사 행동을 일으켰다. 미국 군대는 멕시코만에 있는 멕시코의 주요 무역 항구인 베라크루즈에서 내륙으로 약 480km 떨어진 수도인 멕시코 시티까지 진격했다. 미군은 멕시코 정부가 1848년 과달루페 이달고 조약에 서명하여 북부 영토를 양도할 때까지 수도를 점령했다. 이는 멕시코가 스페인으로부터 독립한 후 점령했던 영토의 거의 절반에 해당한다. 미국은 다른 국가 간의 이전 조약과 같은 조건으로 과달루페 이달고 조약을 작성했으며, 주권을 가진 원주민의 삶은 어떻게 되든 상관없이 원주민 지도자의 의견은 듣지도 않고 일방적으로 새로운 국경을 그렸다.

미국, 신화를 쓰다

미국은 민주적 이상을 추구하면서도 제국주의처럼 행동하고 있다는 사실을 정당화하기 위해 인쇄 매체를 이용했다. 예를 들어, 영향력 있는 〈미국 매거진(United States Magazine)〉과 〈민주당 리뷰(Democratic Review)〉의 편집자들은 1848년 멕시코와의 전쟁 기사에서 유럽 강대국은 "노예화를 위해서만 정복하는 반면" 미국은 "자유를 주기 위해서만 정복하기 때문에"[2] 미국이 유럽보다 도덕적으로 우월하다고 주장했다.

하지만 진실은 달랐다. 미국은 노예제 국가였고 멕시코와의 전쟁 이전에도 원주민들을 공정하게 대우하지 않았으며, 원주민이나 멕시코인을 백인 시민과 동등하게 여기지 않았다. 이 기사처럼 1800년대 초반의 많은 글들이 미국의 제국주의와 대량 학살 행위를 정당화하거나 부정하거나 은폐하려는 의도로 작성되었다. 또한 소설, 논픽션, 시를 쓰던 당시의 많은 작가들도 미국이 유럽 군주제와 같은 종류의 정복자가 아니라고 주장했다.

소설가 제임스 페니모어 쿠퍼는 미국의 건국을 공정하고 영웅적인 이야기로 만든 사람 중 한 명이다. 그는 1823년부터 1841년 사이에 출간된 《마지막 모히칸(The Last of the Mohicans)》을 포함한 5개의 소설 시리즈인 《가죽 스타킹 이야기(Leatherstocking Tales)》로 잘 알려져 있다. 이 책들은 가상의 델러웨어 원주민 부족 지도자 '마지막 모히칸' 의 친구인 영국계 정착민 내티 범포라는 인물을 등장시킨다. 쿠퍼의 소설은 '프랑스-원주민 전쟁'으로 시작하여 서부 평원의 정착으로 끝나는, 국가 탄생에 대한 낭만적인 신화를 만들었다. 쿠퍼의 역사관에는 '고귀하고', '순수한' 마지막 원주민들이 범포와 같은 백인들에게 길을 내주며 자연스럽게 죽는 것으로 나타난다. 이는 식민지 개척자들이 원주민 땅에 대해 합법적인 소유권을 주장했던 당시의 국가적 이념을 상징적으로 드러낸다.

쿠퍼의 내티 범포는 아마도 대니얼 분과 같은 실제 식민지 개척자로부터 영감을 받았을 것이다. 분은 1784년에 유명인이 되었다. 부동산 사업가인 존 필슨이 정착민들을 오하이오 컨트리에 있는 부동산을 구입하도록 유도하기 위해 분을 주인공으로 삼아《컨테키주의 발견, 정착 그리고 현재(The Discovery, Settlement and Present State of Kentucke)》를 집필해 출판했기 때문이다. 이 책은 오하이오 지역의 불법 거주자들을 안내하기 위한 지도와 분이 직접 쓴 것으로 추정되는 〈대니얼 분의 모험〉이라는 제목의 글도 실려 있다. 이 글에는 '피에 굶주린' 인디언들과의 충돌에 대한 이야기가 담겨 있고, 그의 모험담은 1787년에 〈아메리칸 매거진(American Magazine)〉에 실렸다. 곧 책으로도 출판되었다. 이렇게 해서 신화적 영웅, 사냥꾼, 그리고 원주민 전사인 슈퍼스타, 대니얼 분이 탄생했다.

대니얼 분은 오늘날에도 미국을 위대하게 만든 애국자로 여겨진다. 그의 인기는 19세기 내내 베스트셀러였으며, 한 번도 절판된 적이 없는《마지막 모히칸》과 같다. 분과 범포의 이야기는 아직도 미국의 교육 과정에 포함되어 있는데, 이들의 이야기에 열중하는 독자 세대는 그 이야기가 허구가 아닌 사실로 받아들인다. 여기에서 '선구자'와 '개척자'는 영웅이고, 원주민은 적이거나 국가 발전의 장애물로 여겨진다. 그러나 이런 이야기는 침략과 식민지화에 대한 원주민의 관점을 포함하지 않았기 때문에 정확하지 않다. 대신 그들은 원주민에 대한 수 세기에 걸친 공격을 정당화하여 원주민이 아닌 독자들이 대량 학살의 현실에 대해 느낄 수 있는 불편함을 누그러뜨린다.

언론인들과 대중 작가들도 같은 방식으로 멕시코로부터 땅을 빼앗으려는 미국의 노력을 정당화했다. 예를 들어, 시인 월트 휘트먼은 신문 편집자로 일하던 시절에 "비참하고 무능한 멕시코는 신세계에 고귀한 인종을 정착시키는 위대한 사명에서 어떤 역할도 할 수 없을 것"이라고 썼다. 그는 "우수한 등급의 쥐가 모든 작은 쥐를 제거하는 것이 인종의 법칙"[3]이라고 주장했다. 즉, 그는 앵글로색슨족이 열등한 인종 모두를 제거할 것이라고 믿었다. 1846년, 재커리 테일러 장군의 군대가 몬테레이를 점령했을 때, 휘트먼은 이를 두고 "앵글로색슨족 특유의 불굴의 에너지를 보여 주는 또 하나의 결정적인 증거"[4]라고 칭송했다.

멕시코와의 전쟁 전후 5년 동안, 전쟁을 강력히 지지하는 책들이 많이 출판되었다. 그중 소수의 작가들이 공개적으로 전쟁에 반대했는데 예를 들어, 헨리 데이비드 소로, 존 그린리프 휘티어, 제임스 러셀 로웰은 모두 노예제 폐지를 지지했고, 미국이 멕시코를 노예 보유 국가로 전환하는 것을 원하지 않았다. 그러면서도 그들은 로웰이 쓴 것처럼 대륙 전체를 점령하는 것이 영국 인종의 운명이라고 믿었다.[5] 전쟁 없는 영

토 확장을 지지한 평화주의자인 랄프 왈도 에머슨 역시 멕시코 '인종'과
의 접촉이 미국인들에게 해가 될 거라고 믿었다.

　여기서 중요한 점은 이들 작가 중 누구도 운명론(Manifest Destiny)에
대해 비판적이지 않았다는 것이다. 미국과 멕시코의 전쟁을 찬성하든
반대하든, 그들의 책들은 개척지 정착민이 원주민을 포함한 대륙의 다
른 모든 사람을 대체해야 한다는 확고한 미국의 기원 신화를 고스란히
반영하고 있다.

미국은 전쟁과 언어로 대서양에서 태평양에 이르는 국가를 건설하겠다
는 제퍼슨의 목표를 달성했다. 그러나 미국은 특정 지역의 정착민 수가
원주민 인구보다 많은 경우에만 주 지위를 부여했기 때문에, 오랜 기간
동안 연속적인 주 경계선이 등장하지는 못했다. 대륙 서부 지역에서는
백인 정착민의 수를 늘리려는 요구가 커졌고, 이것은 원주민을 죽이거
나 강제로 이주시키는 상황 속에 정리되었다.

　미국이 멕시코 북부를 점령한 후에도 나바호족, 아파치족, 코만치족
과 같은 이곳의 원주민들은 스페인과 멕시코의 식민지화 노력에 수 세
기 동안 저항했던 것처럼 새로운 정부에도 지속해서 저항했다. 미국은
원주민 영토를 넘어 캘리포니아 북부 금광 지역이나 태평양 북서부의

비옥한 계곡으로 이주한 정착민을 보호하기 위해 군대를 파견했다.

사실 '바다에서 바다까지' 이어지며 확장한 '하나의 미국'은 개척 시대의 여러 이야기가 제안하듯 불가피한 것은 아니었다. 그렇다면 왜 그런 생각이 오늘날까지도 여전히 남아 있는 걸까? 그 이유는 매우 영향력 있는 작가들을 포함하여 '미국은 대륙을 가득 채워야 하는 운명이다'는 생각에 의문을 제기하는 사람이 그동안 거의 없었다는 점에서 찾을수 있다. 이런 철학은 원주민 국가와 멕시코에 대한 침략과 점령을 제국주의나 대량 학살이 아니라, 국가의 운명을 완수하기 위한 진보의 과정이라고 멋지게 포장해 왔다.

8장

원주민 영토가 원주민 국가가 되다

'바다에서 바다까지' 대륙을 채운다는 말은 원주민 땅에 정착하거나 불법으로 거주하는 것을 의미했다. 남북전쟁 직전까지 미 육군의 7개 부서 중 6개가 정착민과 불법 거주자를 보호하기 위해 미시시피강 서쪽에 주둔했다. 미국인들은 원주민들을 '문명과 전쟁을 벌이는 야만인'으로 묘사함으로써 서부를 폭력적인 장소로 인식하게 했다. 그들에게 서부는 '인디언 구역'이었고, '반드시 길들여져야' 하며 가능한 한 빨리 미국 땅으로 만들어야 하는 곳이었다.

에이브러햄 링컨 대통령은 남부가 연방에서 탈퇴하고 나서 두 달 뒤인 1861년 3월에 취임했다. 1862년에 그는 토지가 부족한 정착민, 금탐사자, 토지 투기꾼들에게 혜택을 주는 몇 개의 법률에 서명했다. 대표적인 예인 홈스테드법, 태평양 철도법, 모릴법은 모두 원주민의 토지를 빼앗는 데 크게 공헌했다. 토지에 굶주린 미국인들은 이 법을 환영했지만, 실제로는 미국이 원주민 국가와 체결한 조약을 어겨가며 오직 토지 강탈을 위해 만들어진 법이었다.

남북전쟁과 직후 몇십 년 동안, 미국 연방 정부는 원주민 국가들과 맺는 조약 방식에서 극적인 변화를 보였다. 이와 함께 미시시피강 서쪽 원주민 국가들의 주요 자원인 버펄로가 거의 멸종될 정도로 학살되었다. 이 장에서는 이러한 변화가 원주민들에게 어떤 영향을 미쳤는지, 그리고 원주민들이 미국의 거세지는 압력에 어떻게 대응했는지 자세히 살펴본다.

원주민 국가와 남북전쟁

남북전쟁이 발발했을 때, 일부 원주민들은 미국 남부연합의 승리를 바랐다. 그렇게 되면 미국이 약해져서 고향 땅을 빼앗기지 않을 거라고 믿었다. 전쟁의 가장 직접적인 영향을 받은 원주민 국가는 체로키, 머스코지, 촉토, 치카소, 세미놀이었다. 그들은 원주민 영토로 강제 이주한 후 마을, 농장, 목장, 학교, 정부를 재건했다. 각 부족의 소수 지배층은 아프리카계 노예와 사유지를 소유하고 자기 부족을 정치적으로 지배했다.

대다수의 원주민들은 북부와 남부 간의 싸움과 거리를 두고 싶어 했다. 그러나 1861년 전쟁이 발발하자 부유한 지도층이 이끄는 부족 집단은 남부연합과 조약을 체결하며 주권 국가로서의 지위를 행사했다.

7천여 명의 체로키족, 머스코지족, 촉토족, 치카소족, 세미놀족은 남부연합을 위해 전투에 나섰다. 그러나 전쟁이 발발하고 몇 달 후, 원주민 영토에서 온 수천 명의 원주민 남성과 탈주한 아프리카계 미국인 자원자는 백인 장교의 지휘 아래 부대를 조직하여, 오클라호마에서 캔자스에 이르는 지역에서 남부연합군과 교전했다. 전쟁을 치르는 동안, 처음에는 남부연합을 위해 전쟁을 시작한 많은 원주민 병사들은 점점 환멸을 느끼고 결국 북부연방 편으로 돌아섰다.

원주민 영토에서는 북부연방군이 남부연합에 맞서는 원주민 자원병들의 도움을 받고 있었지만, 다른 곳에서는 링컨의 군대가 원주민들과 직접 전쟁을 벌였다. 수십 년 동안 연방 정부는 다코타 주민들의 영토를 강제로 빼앗았다. 1859년에 미국은 자신들의 땅 일부를 미네소타주로 강제로 편입시켰다. 보호구역에 갇힌 다코타족은 더 이상 자유롭게 살면서 사냥할 수 없었다. 1862년에 그들은 기아 직전의 상태에 이르렀다. 농사는 실패했고 사냥감도 부족했다. 그러나 그들을 가장 힘들게 한 것은 연방 정부가 지불금과 물품을 제공하거나, 정착민들이 보호구역에 불법 거주하는 것을 막는 등 조약의 많은 의무를 이행하지 않았다는 점이다.

결국 정착민들을 몰아 내기 위해 다코타족이 반란을 일으키자, 북부연방군은 즉시 반란을 진압했다. 그들은 수천 명의 남녀노소를 체포하여 모턴에 있는 로어 수우 관리소에 가두었는데, 그곳에서 살인 혐의로 재판을 받을 사람은 300명 이상이었다. 1862년 11월 7일, 맨카토 법정에 출두하지 않는 사람들은 포트 스넬링까지 160km 이상을 걸어가 그곳에 투옥되었다. 맨카토에서는 군사 위원회가 살인 사건의 진술을 듣고 단 몇 분 만에 판결을 내리기도 했다. 모두 303명의 다코타 남성이 사형 선고를 받았다. 재판 기록을 검토한 링컨 대통령은 그중 39건에 대해 처형을 결정했고, 그들 중 한 명은 마지막 순간에 집행 유예를 받았다. 1862년 12월 26일, 처형이 결정된 38명의 다코타 수감자들은 특별히 제작된 교수대 위에 올랐다. 그들은 약 4천 명의 관중들 앞에서 교수형을 당하기 직전에 서로의 손을 잡고 다코타 노래를 불렀다. 이것은 미국 역사상 최대 규모의 집단 사형 집행이었다.

포트 스넬링에 수감된 다코타의 남녀노소 300명은 비인도적인 처우와 환경으로 인해 그해 겨울에 사망했다. 1863년 5월, 살아남은 사람들은 사우스다코타의 크로우 크리크 수우 보호구역으로 추방되었다.

서부에 주둔한 정규군이 남부 연합과 싸우기 위해 파견되었을 때 링컨은 정착민, 상인, 광부, 백인 여행자를 보호하기 위한 자원병을 모집했다. 이 자원병들은 연방 정부로부터 급여를 받았기 때문에 주와 원주민 영역의 경계를 넘어 활동할 수 있었다. 그들은 다른 주와 독립 주를 형성하려는 영토에서 왔다. 이들 영토 자원병들은 원주민 민간인을 통제하거나 제거하는 데 집중했다. 링컨 행정부는 원주민에 대한 잔혹한 대량 학살 행위를 억제하기 위한 조치를 거의 취하지 않았다.

아마도 민병대가 저지른 가장 터무니없는 사건은 제1·제3 콜로라도 자원병들이 저지른 샌드크리크 학살일 것이다. 그들의 공격은 한때 감리교 목사였으며, '싸우는 목사'로 알려진 야심찬 정치인이었던 존 치빙턴이 주도했다.

1864년 6월부터 샤이엔족과 아라파호족 집단은 정착민에 대한 공격으로 분노한 그 지역의 백인들을 피하기 위해 콜로라도 남동부의 포트 라이언으로 이주했다. 그들은 샌드크리크 근처에 야영지를 마련했고, 콜로라도 영토의 주지사인 존 에번스가 그들에게 부과한 모든 조건을 따르고 있었다. 그러나 11월 29일, 치빙턴과 700명의 콜로라도 자원병들은 아무런 이유나 경고도 없이 야영 장소를 공격했다. 그들은 130명이 넘는 여성, 어린이, 남성을 살해한 뒤 시체의 머리 가죽을 벗기고 절단했다. 그러고는 그 신체 부위로 자신들의 무기와 모자를 장식했다.

미국 의회에서는 그에 대한 조사에서 군인들의 잔혹 행위가 자세히 드러났다. 충격을 받은 관리들은 그러한 공격과 치빙톤을 비난했지만 그 누구도 샌드크리크 학살 혐의로 재판을 받지 않았다.

한편 미 육군 제임스 칼톤 대령이 이끄는 태평양 자원군은 비무장 상태의 쇼쇼니족, 배넉족, 유트족 수백 명을 학살했다. 칼톤은 또한 아파치족에 무자비한 군사 행동을 전개했다. 칼레튼이 준장으로 승진한 뒤, 남북전쟁의 남은 기간을 나바호족을 상대로 한 수색 및 파괴 임무에 참여하며 보냈다. 1864년 일련의 강제 이주로 군사 행동은 최고조에 달했다. 그동안 약 8,000명의 나바호 민간인들이 현재 뉴멕시코 동부에 있는 보스크 레돈도의 군사 강제 수용소인 섬너 요새까지 480km 이상을 끌려갔다. 행군과 수용소의 상황은 잔혹했다. 많은 나바호족 사람들이 목숨을 잃었고, 굶주림으로 죽어 갔다.

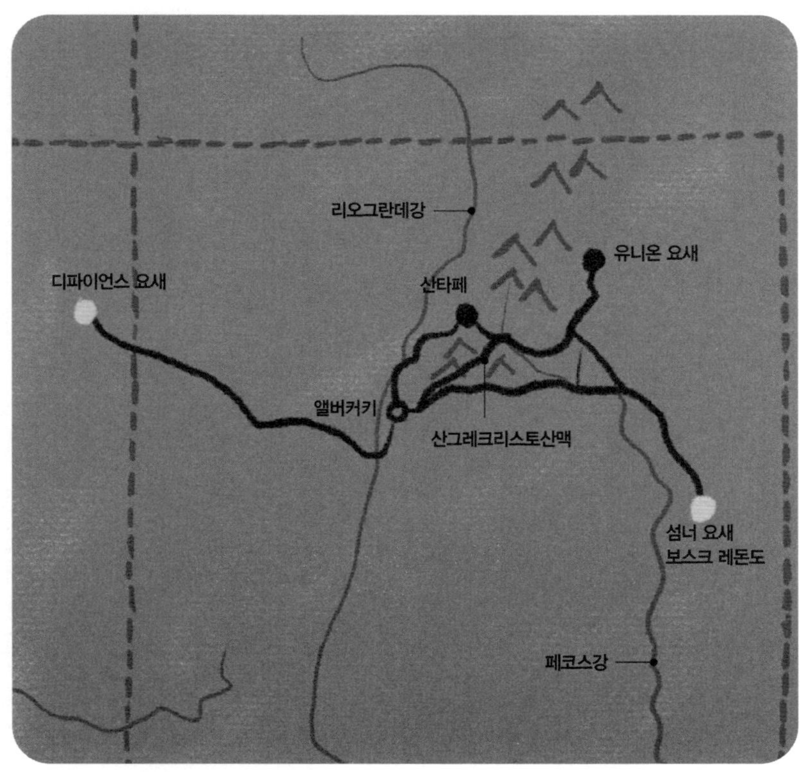

이 지도에서 보듯, '먼 이동(Long Walk)'은 600km에서 800km에 이르는 네 개의 경로에서 이루어졌다. 일부 경로는 산악 지대를 통과했다. 모든 경로는 디파이언스 요새에서 시작해 섬너 요새 근처의 보스크 레돈도에서 끝났다

절망 속에서도 나바호족은 자신들을 기독교화하고, 전통적인 생활 방식을 버리게 하려는 칼톤의 노력에 필사적으로 저항했다. 1868년, 나바호족 지도자들은 미국 정부와 조약을 체결하여 오늘날 미국 남서부의 포 코너스 지역에 있는 고향으로의 귀환 협상을 성공적으로 마쳤다.

남북전쟁 이후 원주민

1865년, 미국 전쟁부(현재의 국방부에 해당)는 남부연합군을 물리치며 명성을 얻었다. 군대는 대통령의 지휘 아래 더욱 중앙집권화되었다. 연방 정부는 미국의 미시시피강 서쪽의 땅 탈취에 대항하는 원주민 집단에 주의를 기울이며 병력을 집중 배치했다. 남북전쟁에서 이름을 떨친 장군들인 윌리엄 테쿰세 셔먼과 조지 암스트롱 커스터 등이 이 업무를 담당했다.

남북전쟁 이후 미시시피강 서부 원주민의 땅을 뺏으려는 시도는 늘어났다. 연방 정부는 철도 재벌들에게 대규모로 땅을 내주었고, 그 땅은 철도 선로 양쪽과 원주민 농장 및 사냥터를 가로질러 수십 킬로미터에 이르렀다. 미국 정부는 원주민 땅을 침범한 철도 회사와 노동자, 정착민을 보호하기 위해 군대를 파견했다. 군인들과 고용된 사냥꾼들은 대평원을 뒤덮고 있던 거대한 버펄로 무리를 공격하기 시작했다.

과거 수천 년 동안 버펄로 떼는 대평원을 뒤덮었다. 평원 민족들에게 버펄로는 식량, 의복, 집을 지을 재료 및 교역품으로 중요했다. 그들에게 버펄로는 종교적 의미도 지니고 있었다. 그러나 지나치게 엄청난 양의 버펄로 무리는 미국의 영토 확장 목표를 직간접적으로 방해했다. 버펄로 무리는 정착민들의 침입과 원주민들을 보호구역으로 몰아넣으려는 정부의 시도에 저항한 원주민들을 도왔다. 버펄로는 건설 인력을 방해하고, 선로를 대량으로 배회하며 열차를 멈추게 하는 등 철도에 직접적인 영향을 주기도 했다. 철도의 이동은 해안에서 해안까지 정착민을 빠르게 정착시키려는 목표에 필수적이었으나, 버펄로가 그 길을 가로막고 있었다.

이후 미국 정부는 버펄로 무리를 완전히 제거하고, 원주민을 보호구역으로 강제 이주시키기 시작했다. 1868년 5월에 셔먼 장군은 셰리던 장군에게 편지를 보내 '대규모 버펄로 사냥'에 나갈 사냥꾼들을 모아 버펄로를 모두 제거하자고 제안했다. 셔먼의 지휘 아래 군대는 민간인 사냥을 후원하고 장비를 제공했다. 군인들과 고용된 사냥꾼들은 수십 년 사이에 수천만 마리의 버펄로를 도살했다. 상업적인 사냥꾼들은 가죽만 원했기 때문에 동물의 나머지 부분은 썩도록 내버려 두었다. 카이오와족의 한 여성은 버펄로 무리의 대량 학살이 자신의 부족에게 어떤 의미인지 다음과 같이 설명했다.

미 육군의 흑인 연대들

1862년에 북부 연합군은 노예에서 자유인이 된 아프리카인들을 군인으로 받아들이기 시작했지만, 그들의 급여는 낮았고 백인 장교 아래 독립된 부대에 속했다. 1865년, 남북전쟁이 끝날 무렵에는 186,000명의 흑인 군인들이 싸웠고 38,000명이 전투나 질병으로 사망했는데, 이는 한 개 주의 사망자보다 더 많은 숫자였다.

전쟁이 끝난 후에도 가난한 백인 병사와 마찬가지로 많은 흑인 병사들이 군대에 남았다. 군 복무는 그들에게 급여와 연금, 그리고 일부 영광도 주었다. 정부는 흑인 군대를 서부에 배치했는데, 그 이유는 동부와 남부의 백인들은 자신들의 지역에 수천 명의 무장한 흑인 군인이 있는 것을 원하지 않았기 때문이다. 1866년 의회는 모두 흑인으로 구성된 6개의 연대(나중에 4개로 통합됨)를 창설했는데, 서부 원주민에게는 '버펄로 군인'으로 알려졌다. 스미소니언 국립 아프리카계 미국인 역사 박물관 웹사이트에는 이 별명에 대해 서로 다른 의견이 있다고 적고 있다. 그러나 군인들은 버펄로가 평원의 원주민들로부터 존경의 대상이었기 때문에 그 이름 자체가 영광으로 받아들여졌다.

율리시스 그랜트 대통령 재임 기간(1869~1877) 동안, 흑인으로만 구성된 연대는 원주민 민간인을 상대로 한 가장 집중된 공격에 투입되었다.

이 '버펄로 군인'들의 사진은 군의 공식 사진가인 크리스천 바르텔메스가 촬영했다. 당시 사진가들은 스튜디오 소품을 가지고 다니면서 촬영 대상을 꾸미곤 했다. 그렇게 해서 그들은 더 진짜 군인처럼 보였지만, 사실상 왜곡된 이미지를 낳았다

　아메리카 신대륙 발견은 맞는 말일까?

카이오와족이 가지고 있던 모든 것은 버펄로에서 나왔다.…… 무엇보다 버펄로는 카이오와 종교의 일부였다. 태양 춤에서는 흰 버펄로 송아지를 제물로 바쳐야 했다. 성직자들은 버펄로의 신체 일부를 사용하여 치료하거나 하늘의 신의 힘을 향해 기도하는 의식을 치렀다.

……

백인들은 버펄로를 죽이기 위해 사냥꾼들을 고용했다. 그들은 평원을 오가며 때로는 하루에 100마리에 달하는 버펄로를 사냥했다. 그들 뒤에는 마차를 몰고 가죽 상인들이 따라왔다. 그들은 가죽과 뼈를 마차에 가득 싣고, 새로 건설 중인 기차역으로 가서 동부의 시장으로 보냈다. 때로는 철로를 따라 1~2km에 걸쳐 사람 높이만큼 뼈가 쌓여 있기도 했다.[1]

1880년대에 이르자 버펄로는 이제 겨우 몇 백 마리만 남았다.

수족, 샤이엔족, 아라파호족은 자신의 조국을 방어하기 위해 동맹을 맺었다. 1866년에 그들은 윌리엄 페터먼이 이끄는 미군 병사 80명 이상을 살해했다. '페터먼 전투'와 같은 사건은 워싱턴 DC에서 큰 우려를 낳았다. 1867년, 앤드루 존슨 대통령 행정부는 수십 개의 원주민 국가 지도자들과 평화 조약을 협상하기 위해 대표들을 파견했다. 일부는 조약에 서명했지만, 다른 이들은 이를 거부하고 미국의 확장에 대한 저항을 계속했다.

이 사진 속의 동물은 다양한 이름으로 알려져 있다. 라코타족은 이들을 '타탕카'라고 부른다. 머스코지족은 그들을 '야나사'라고 부른다. 일부 푸에블로 원주민이 사용하는 테와어에서는 '코이'다. 전 세계 과학자들은 라틴어에 뿌리를 둔 '들소(bison)'를 사용하고, 대부분의 사람들은 이들을 '버펄로'라고 부른다.

1871년에 의회는 대통령과 상원의 조약 협상 권한을 종료시키는 법안을 통과시켰다. 의회는 이미 협상된 모든 조약의 권리는 여전히 인정했지만, 이후 미국과 원주민 간의 조약과 협정은 의회의 법령에 따랐다.

1850년대에 금광 탐사자들이 캘리포니아 원주민 땅으로 몰려들자, 갈등은 피할 수 없었다. 1851년, 캘리포니아 주지사는 그곳의 원주민들을 상대로 '멸종 전쟁'이 벌어질 거라고 선언했다. 1864년에는 모독족, 클래머스족과 야후시킨 집단은 자신들의 땅을 내어주고, 그들 모두 오리건의 클래머스족 영토로 강제 이주당했다. 그러나 클래머스족과 모독족은 전통적으로 적이었기 때문에, 모독족은 클래머스족의 땅에서 좋은 대우를 받지 못했다. 게다가 조약에서 약속한 정부 지원이 도착하지 않자 긴장된 관계는 더욱 악화되었다. 결국 모독족의 일부 가문은 캘리포니아에 있는 원래의 집으로 돌아가기로 결정했다. 그들의 리더는 '잭 대장'이라고도 알려진 킨트푸아시였다.

미국 정부는 에드워드 캔비 장군이 지휘하는 미군과 오리건 민병대를 파견하여 모독족을 붙잡아 다시 오리건으로 데려갔다. 모독족은 라센피크 주변의 황량하고 험한 용암층으로 피신하여 몇 달 동안 미국 군대를 막아낼 수 있었다. 군인들과 모독족 사이에는 협상을 위한 계획이 세워졌는데, 대부분의 모독족은 캘리포니아에 있는 고향에 자신들의 보호구역을 갖길 원했다.

1873년 4월 11일 회의에서 모독족 지도자들은 캔비와 다른 관리들을 살해했다. 이에 대응하여 미국은 천 명 이상의 추가 병력을 파견했다. 1873년 6월 1일, 모독족이 생포되었을 때 미국은 이 전투로 400명 이상의 군인이 목숨을 잃었고, 거의 50만 달러의 손실을 입었다. 이는 오늘날 화폐 가치로 거의 천만 달러에 이른다. 6월 7일, 미국 법무장관 조지 헨리 윌리엄스는 외교 회의임에도 그랜트 대통령에게 캔비 장군을 살해한 수감자들을 처리할 군사위원회의 구성에 대해 조언했다. 윌리엄스의 공식 의견은 다음과 같다.

6월 8일, 오리건 자원군은 툴리 호수의 군사 본부로 끌려가던 일부 모독족 포로들을 습격하여 살해했다. 이 공격 소식으로 여론은 들끓었다. 모독 전쟁을 다루는 일부 신문에서는 양측 모두 '문명적인 전쟁'을 넘어서는 살인을 저질렀다고 보도했다. 그럼에도 군인, 민병대, 정착민 자경단은 재판에 회부되지 않았다. 7월 5일, 킨트푸아시와 모독 남성 5명은 살인 혐의로 군사위원회에 출석했다. 그들은 유죄 판결을 받고 1873년 10월 3일 교수형에 처해졌다. 포로인 모독 가족들은 보호구역으로 보내졌다.

1868년 포트 래러미 조약은 다코타족, 라코타족, 샤이엔족에게 신성시되는 블랙힐스를 포함한 다코타 영토의 그레이트 수 보호구역을 인정했다. 1874년에 조지 암스트롱 커스터 중령은 이 신성한 블랙힐스로 탐험대를 이끌었다. 여기에는 이곳에 '금이 매장되어 있다'는 소문이 사실인지를 확인하기 위한 과학자들도 포함되었다. 1875년이 되자 이 보호구역은 포트 래러미 조약을 위반하고 금을 찾는 사람들로 넘쳐났다.

이러한 상황은 조약에 서명한 부족 지도자들과, 서명을 거부하고 보호구역으로 이주한 '비조약' 무리의 지도자들 모두를 더욱 화나게 했다. 의회는 자신들이 보기에 '거만하고 자기중심적이며 탐욕스러운 야만인'과 미국인들을 위해 블랙힐스를 합법적으로 개방하는 방법을 찾는 협상을 위한 위원회를 임명했다.[3] 하지만 협상은 성공하지 못했고 블랙힐스의 소유권은 오늘날까지도 여전히 해결되지 않은 상태로 남아 있다.

1876년 6월, 비조약 수족과 샤이엔족의 대규모 집결지가 리틀 빅혼 강을 따라 만들어졌다. 그 달 말에 커스터와 제7기병대는 야영지를 공격할 준비를 했으나, 크레이지 호스와 시팅 불이 이끄는 전사들이 이들을 성공적으로 차단했다. 대부분의 교과서는 이를 '리틀 빅혼 전투'라고 미시시피강 동부 사람들 대부분은 신문을 통해 원주민 전쟁에 관한 정보를 얻었다. 일부 기사에서는 원주민을 '잔혹한 살인자'로 표현하는 반면, 다른 기사에서는 원주민의 저항에 대해 이해하는 시각을 반영했다.

동부의 신문 사설은 네즈퍼스족 지도자인 조셉 추장에게 특히 호의적이었다. 1877년에 조셉 추장은 보호구역에 들어가라는 명령에 따르지 않고, 800명의 니이미푸 민간인을 이끌고 아이다호 영역을 넘어 캐나다로 갔다. 그들은 미군 기병대 2천 명의 추격을 받았지만 군인들을 피해 기습 전투를 벌이면서 거의 4개월 동안 약 2,700km를 이동했다.

1877년 11월, <뉴욕타임스>는 조셉 추장에 관한 기사를 1면에 실었다. 기자는 조셉에 대한 존경심을 표현하며 그의 저항을 "원주민 전쟁 역사상 가장 용감하고 끈질긴 싸움 중 하나"[4] 라고 썼다. 결국 니이미푸족은 그들의 고향인 아이다호에서 작은 보호구역을 확보했다.

1878년에 300명이 넘는 샤이엔족이 원주민 영토의 보호구역을 떠났을 때, 신문 기자들은 또 다른 극적인 추격을 취재했다. 저항군 지도자인 리틀 울프와 덜 나이프가 이끄는 원주민들은 오늘날의 와이오밍과 몬태나에 있는 원래 고향을 향해 이동했다. 이들은 결국 군대에 붙잡혔지만, 뉴스 기사는 동부 도시에서 그들에 대한 많은 동정심을 불러일으켰기 때문에 정부는 그들의 원래 고향 일부 지역에 보호구역을 만들었다.

<뉴욕타임스>는 샤이엔과 조셉 추장에 대한 보도와는 달리 시팅불과 제로니모 및 그 추종자들은 악의적으로 묘사했다.

부르지만 라코타족과 샤이엔족, 특히 야영지 마을을 지켰던 조상을 둔 사람들은 '그리시 그래스' 전투로 알고 있다. 커스터는 225명의 군인과 함께 전사했고, 사후에 장군으로 승진했다.

서부의 보호구역에 갇힌 무장해제 상태의 많은 원주민들은 또 다른 형태의 저항에 나섰다. 워보카라는 파이우트족 남자의 예언에 기초한 '유령 춤(Ghost Dancing, 첫 번째 예언은 유령 춤을 추면 식민주의 이전의 세상이 돌아온다. 두 번째는 버펄로가 돌아온다. 세 번째는 비폭력 저항이 가능하다. 네 번째는 유럽계 정착민의 침입이 멈출 것이다)'은 네바다주 워커 레이크에서 시작되어 다른 보호구역으로 퍼져 나갔다. 1880년대 후반에 이르자 서부 전역의 원주민들은 워보카의 예언을 듣고 춤을 배우기 위해 몰려들었다. 워보카의 예언에 따르면, 유령 춤은 침략자들이 사라지고 버펄로들이 돌아와 식민주의 이전의 원주민 세계를 복원하게 해 줄 것이었다. 유령 춤의 목적은 고국에서 유럽인을 제거하는 것이었기 때문에 미국 관리들은 이를 정치적 위협으로 여겼다.

1890년에 라코타 보호구역에서 유령 춤이 시작되었을 때, 보호구역 관리들은 두려움에 빠졌다. 11월 15일에 파인리즈의 요원은 보호를 요청하는 전보를 워싱턴에 보냈다. 11월 20일, 워싱턴 원주민 사무국은 유령 춤을 추는 사람 중 '소란을 조장하는 자'의 명단을 작성했다. 그 명단에는 시팅불이 포함되어 있었다. 커스터가 패배한 리틀빅혼 전투에서 군 사령관들은 그를 체포하라는 명령을 내렸다. 시팅불은 체포되어 원주민 경찰의 삼엄한 경비를 받으며 자신의 집에 구금되었다. 그러나 1890년 12월 15일, 그를 지키던 사람 중 한 명이 끝내 그를 살해하고 말았다.

시팅불이 사망한 후, 군 당국은 다른 원주민 지도자들에 대해서도 체포 영장을 발부했다. 빅풋은 군대가 자신을 찾고 있다는 소식을 듣고 350명의 남성, 여성, 어린이로 구성된 집단을 파인리지 보호구역으로 데리고 가서 항복하려고 했다. 그러나 가는 도중에 그들은 미군을 만나

운디드니 크리크의 군대 야영지로 가게 되었다. 그날 밤, 제임스 포사이스 대령과 커스터의 옛 연대인 제7기병대가 도착했다. 군인들은 이 굶주린 비무장 난민들의 친척들이 커스터와 그의 부하들을 죽였다는 사실을 잊지 않았다. 그들은 원주민이 있는 야영지에 네 대의 호치키스 연사포(소형 대포)를 겨냥했다.

다음 날인 1890년 12월 29일 아침, 군인들은 포로가 된 원주민들을 티피 텐트에서 데리고 나와 모든 무기를 반납할 것을 요구했다. 군인들이 윈체스터 소총을 내주려 하지 않은 한 젊은이를 붙잡았을 때, 공중으로 소총이 발사되었다. 그러자 군인들은 소총과 연발 호치키스 기관포를 쏘기 시작했다. 총격이 끝났을 때는 이미 군대가 빅풋을 포함한 300명에 달하는 수족 원주민과 동료 병사 25명을 죽인 뒤였다.

토지 분배

1800년대 후반까지 미국 정부는 살아남은 원주민의 대부분을 소규모 보호구역으로 강제 이주시켰는데, 일부는 고향이나 그 근처에 있었고 다른 원주민들은 현재의 오클라호마 인디언 영토에 있었다. 그러나 많은 미국인들은 이 보호구역마저 해제해 정착민들이 그 땅을 차지할 수 있기를 원했다. 그들은 1887년 일반토지할당법이 된 동화 정책을 만들어냈다. 이 법은 작성자인 헨리 도스 상원의원의 이름을 따서 '도스법'으로 알려져 있다. 이 법의 목적은 보호구역을 약 0.65km² 규모의 구획으로 나누어 개별 부족 구성원이 소유하도록 해서, 원주민 국가의 공동소유가치 체계를 붕괴시키는 것이었다.

할당되지 않은 토지는 잉여지로 선언하고 정착민에게 매각했다. 1889년에 인디언 영토의 소위 잉여 토지는 오클라호마 랜드 런(Oklahoma Land Run, 1889년부터 1895년까지 미국이 서부를 개발하기 위해 오클라호마의 원주민 소유 땅을 하루 동안 말을 타고 달리며 깃발을 먼저 꽂은 정착민에게 해당 땅을 싼값으로 판매한 것을 말한다)으로 정착 농가에 개방했다.

그러나 남부에서 쫓겨난 다섯 개 원주민 부족에는 도스법이 적용될 수 없었는데, 그 이유는 그들의 영토가 보호구역이 아니라 독립된 주권 국가가 소유한 땅이었기 때문이다. 1897년, 그곳에서 석유가 발견되자 의회는 그들의 땅도 차지하기 위해 분주히 움직였다.

더 알아보자

많은 원주민 부족들이 자신들의 토지 분할에 저항했다. 때로는 저항이 직접적인 행동으로 이어지기도 했다. 전통을 지키려는 사람들은 공동체를 떠나 다른 곳에서 살기도 했다. 자신들이 우려하는 내용을 법원에 제기하기도 했다. 원주민들이 어떻게 저항했는지에 대해 더 잘 이해하려면 다음 내용을 살펴볼 필요가 있다.

- 레드버드 스미스와 체로키족의 분할에 대한 반대 운동
- 치토 하르조(크레이지 스네이크) 및 머스코지족의 저항
- 호피 부족이 1894년 의회에 보낸 서한

　　1898년 커티스법은 도스법을 개정하여 이전에 맺은 강제 이주 조약을 뒤집고 '문명화된 5개 부족'의 자치 정부를 해산시켰다. 커티스법은 또한 그들의 부족 소유지를 분할하여 부족 구성원들에게 분배하도록 요구했다. 이전과 마찬가지로 남는 영토는 '잉여지'로 선언하고 정착 농가를 허용했다. 1907년이 되자 원주민 영토의 정착민 수가 원주민보다 더 많아졌다. 그 후 원주민 영토는 해체되고 오클라호마주는 연방에 편입되었다.

Location.	Acres.	Average Price per Acre.	Location.	Acres.	Average Price per Acre.
Colorado	5,211.21	$7.27	Oklahoma	34,664.00	$19.14
Idaho	17,013.00	24.85	Oregon	1,020.00	15.43
Kansas	1,684.50	33.45	South Dakota	120,445.00	16.53
Montana	11,034.00	9.86	Washington	4,879.00	41.37
Nebraska	5,641.00	36.65	Wisconsin	1,069.00	17.00
North Dakota	22,610.70	9.93	Wyoming	865.00	20.64

미국 내무부가 '원주민 땅'을 매각한다는 1911년의 광고. 서부의 좋은 땅은 14개 주의 경매 입찰자들에게 매각되었다. 토지 매각으로 발생한 자금은 그 토지를 빼앗긴 원주민이 아니라 미국 정부로 들어갔다

도스법과 커티스법에 따라 원주민들은 수십 년간 이어진 군대 공격과 무자비한 토지 강탈로 인해 보유하던 토지의 4분의 3을 잃었다. 이러한 정책은 원주민 공동체에 엄청나게 파괴적인 사회적, 경제적 영향을 미쳤다. 토지 분할은 1934년에 끝났지만 빼앗긴 땅은 결코 복원되지 않았고, 원주민들은 빼앗긴 토지에 대해 아무런 보상도 받지 못했다.

토지 분할은 원주민 공동체를 무너뜨리려는 시도의 한 예일 뿐이다. 다음 장에서 볼 수 있듯, 또 다른 정부 동화 프로그램이 등장한다. 원주민 기숙학교 제도는 여러 세대의 원주민 어린이들을 가족과 지역 사회로부터 분리시켜 그들을 '문명화된' 미국인으로 만들기 위해, 그들 안에 있는 '원주민을 죽이려는' 시도였다.[5]

조국을 방어하기 위한 몇백 년의 무력 충돌은 그렇게 끝이 났다. 그러나 원주민들은 혁신과 끈기를 통해 자신들의 땅과 언어, 삶의 방식을 보호하고 지켜내기 위해 계속해서 싸워왔다.

9장

지속되는 통치

미국은 원주민들의 영토를 점령하고 대서양에서 태평양까지 정착지를 넓혀 건국자들의 꿈을 완성했다. 미국 국경의 '완성'은 새로운 도전을 제기하는 것처럼 보였다. 역사 수업에서 "민주적 문명화는 미국 개척지에서 정착민들이 겪은 경험의 산물"이라는 역사가 프레데릭 잭슨 터너의 생각을 들어 보았을 것이다. 오랜 정착민 식민 지배와 정복의 시대가 끝난 뒤, 앞으로 이 나라는 어떤 모습이 될까?

1893년에 처음 발표된 터너 가설은 20세기 미국 서부의 역사에 대한 가장 영향력 있는 관점이 되었다. 터너의 생각은 '미국 예외주의'에 대한 대중적 믿음을 뒷받침하며, 미국 역사를 가르치는 방식에 지속적으로 영향을 미치고 있다.

그러나 21세기의 많은 역사가들은 터너의 주장이 원주민에 대한 편견에 기초한 것으로 본다. 터너는 북미 원주민 문화가 진보를 가로막는 장애물일 뿐, 정착민에게 실질적인 영향을 미치지 못했다는 잘못된 생각을 가졌다. 그는 정착민 문화는 역동적이고 세련됐지만, 원주민 문화는 낙후되고 원시적인 것으로 보았다. 또, 아메리카 원주민들의 영토는 황무지이기에 정착민들이 길들이고 적절하게 개발해 미국의 민주주의가 확대되어야 한다는 잘못된 생각을 하고 있었다.

미국은 1800년대 후반, 전 세계의 분쟁에 참여하면서도 국경 안에 남아 있는 원주민 토지의 마지막 한 줌까지도 확보하겠다는 결심을 굳혔다. 그때까지 토지 분할과 같은 정책들은 원주민의 남아 있는 토지를 급격히 감소시켰다. 그런데도 원주민은 고향과 보호구역에서 전통적인 방식을 지속하고 있었다. 토지에 대한 사전 소유권을 가진 원주민은 유럽계 미국인 사회와는 다른 가치관, 언어, 생활 방식을 가지고 있어 백인 정착민들에게 항상 불안거리였다. 원주민 살해를 반대하는 대다수 정착민들조차도 백인 우월주의를 노골적으로 믿었고, 원주민의 존재와 주권을 몹시 불편하게 여겼다. '원주민에 대해 무엇을 해야 할까'에 대한 정착민의 불안은 '원주민 문제'라고 불렸다. 이러한 원주민에 대한 사고 방식은 터너의 오류로 가득 찬 주장의 일부였다. 이 '문제'를 해결하기 위해 추가적인 정책과 법률이 고안되었다. 이러한 정책 중 다수는 미국 관리들이 '원주민을 위한 선택'이라고 부르는 동화, 즉 원주민이 되는 것을 중단시키는 것에 기초했다. 어느 쪽이든 목표는 결국 원주민 민족을 소멸시켜 원주민의 모든 토지와 자원을 정착민이 사용할 수 있도록 하는 것이었다.

이 장에서는 먼저 원주민들에게 정착민처럼 되는 방법을 가르치는 초기 정부의 지원 노력 중 하나인 인디언 기숙학교를 살펴볼 것이다. 그런 다음 미국이 어떻게 훗날 49번째(알래스카)와 50번째 주(하와이)가 된 지역을 쟁취했는지 살펴본다. 원주민의 동의 없이 알래스카와 하와이를 얻은 것은 영토 확장에 대한 미국의 관심이 대서양 해안에서 멈추지 않았음을 잘 보여준다. 미국 정부는 원주민과 그 민족에 대한 목표를 말할 때 '말살'이라는 단어를 사용하는 공격적인 법안을 주저 없이 통과시켰다는 사실에 대해서도 살펴본다.

멸종을 위한 교육?

미국 정부 관리들은 수십 년 동안 원주민 아이들에게 어떤 교육을 시켜야 할지 고민했다. 1819년, 의회는 선교 학교에서 원주민 어린이들을 '문명화'하고 '기독교화'하도록 선교사들에게 수천 달러를 제공하는 원주민 문명화법을 통과시켰다. 원주민 부족들이 무장 저항을 끝내고 보호구역으로 이동하면서, 원주민 교육과 학교의 역할에 대한 논의가 조약 협상에서 이루어졌다.

그랜트 대통령 재임 기간, 의회는 기숙학교를 보호구역에서 수백 마일 떨어진 곳에 세우는 것에 10만 달러의 예산을 책정했다. 이는 원주민 아이들을 그들의 문화, 가족 및 지역 사회로부터 격리시켜 정착민 사회의 일부로 교육하는 유일한 방법이라는 믿음을 반영했다. 이 기숙학교들은 매리언 요새에서 전쟁 포로로 잡힌 원주민 수감자를 다루던 방식을 따랐다.

플로리다에 있는 매리언 요새는 1875년부터 1878년까지 전쟁포로 수용소로 사용되었던 곳이다. 리처드 헨리 프랫 대위는 그곳의 대평원 전사들을 포로로 관리하고 있었다. 프랫의 지시에 따라 교도관들은 이들의 머리를 짧게 자르고 군복을 입힌 뒤, 군인처럼 훈련을 시키고 과일 따기 등의 육체노동도 시켰다. 프랫은 이러한 방식을 성공적이라고 생각하여, 1879년 펜실베이니아에 칼라일 인디언 산업학교를 설립했을 때도 똑같이 적용했다.

유사한 기숙학교들도 그 이름에 산업 또는 훈련이라는 단어를 사용하여 학생들이 다양한 유형의 육체노동 기술을 배운다는 것을 강조했

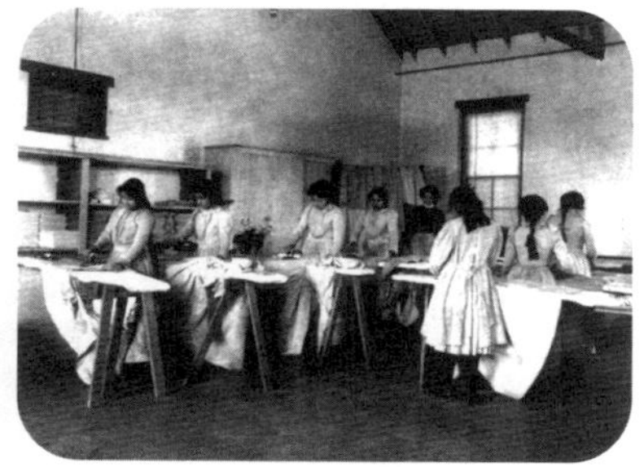

다. 산업학교 모델은 1800년대 영국에서 비행 청소년과 빈곤 가정의 아이들을 훈련하기 위한 기숙학교가 설립된 이후 시작된 것이다.

의회의 지원을 받은 칼라일 학교는 곧 대륙 전역에 설립된 다른 연방 기숙학교들의 기준이 되었다. 알래스카가 미국 영토가 되자, 교회와 정부는 그곳에도 비슷한 학교를 세웠다. 원주민 아이들은 부모의 동의를 받거나 때로는 강제로 집에서 끌려 나왔다. 학교 관계자들은 이들의 머리카락을 자르고, 이름을 바꾸고, 전통의상을 교복으로 갈아입혔으며, 막사 같은 기숙사에서 생활하게 했다. 기숙학교 교육에는 일반적 과목 외에 군대식 행진과 농장 일꾼, 목수, 하인 일들을 준비하는 내용도 포함되었다.

학교가 원주민 아이들을 백인 사회에 성공적으로 동화시키고 있다는 것을 '증명'하기 위해 그들의 '이전 – 이후' 사진을 찍어 학교 지원을 요청하는 데 사용했다. '이전' 사진은 그들이 전통의상을 입고 있는 모습으로, 그 옷은 그들이 '야만적'이었음을 증명하는 것처럼 비추었다. 이 사진과 같은 '이후' 사진은 그들이 '문명화'된 것으로 제시한다

일부 부모는 여러 이유로 자녀를 학교에 보내기로 했다. 미국 정부는 원주민 처우 조약을 위반해, 원주민 부모는 자녀를 제대로 양육하기가 거의 불가능할 정도로 생활이 어려웠다. 어떤 부모들은 자녀가 적어도 기숙학교에 가면 먹을 것은 보장될 거라고 믿었다. 일부 부모는 자녀가 영어를 배우고 교육을 받아 상인, 정착민, 정부의 지속적인 계약 위반과 착취에 맞서 싸울 수 있기를 바랐다.

1939년, 자선사업가 에드윈 엠브리는 선 엘크라는 남자와의 만남에 대한 기록을 공개했다. 선 엘크는 1883년부터 칼라일에 다녔던 타오스 프에블로 출신의 첫 번째 어린이였다. 엠브리는 선 엘크가 칼라일에 재학하던 시절에 대해 말한 내용을 적어 두었다.

그들은 원주민의 방식이 나쁘다고 말했다. 문명화되어야 한다고 했다. 나도 그 말이 기억난다. 그것은 '백인처럼 돼라'는 뜻이다. 나는 기꺼이 백인처럼 되고 싶지만 원주민들의 방식이 틀렸다고는 믿지 않았다. 그러나 그들은 7년 동안 계속 우리를 가르쳤다. 그리고 우리가 보는 책은 원주민들이 백인들에게 얼마나 나쁜 짓을 했는지, 즉 원주민들이 백인 마을을 불태우고 여자와 아이들을 죽였다는 내용으로 가득했다. 하지만 나는 백인들이 원주민들에게 그런 짓을 하는 것도 본 적이 있었다. 우리는 모두 백인의 옷을 입고, 백인의 음식을 먹고, 백인의 교회에 가서 백인들의 말을 따라 했다. 그러자 얼마 후 우리도 원주민들이 나쁘다고 말하기 시작했다. 우리는 우리 자신, 우리의 담요와 요리 냄비, 신성한 사회 그리고 전통춤을 스스로 비웃었다.[1]

선 엘크는 누구였나?

선 엘크에 대한 기록의 출처는 에드윈 엠브리의 책《아메리카의 원주민: 역사적 장면》이다. 이 내용은 칼라일 원주민 산업학교에 관한 많은 책과 기사에서 발견되지만, 실제로 '선 엘크'라는 이름을 가진 사람이 그곳에 있었다는 기록은 없다. 칼라일 학교에는 타오스 출신으로 칼라일에 있었던(1884-1899) 로렌조 마르티네스라는 사람에 대한 기록만 가지고 있다. 칼라일 원주민 학교 디지털 자료센터 웹사이트에 접속하여 검색창에 그의 이름을 입력하면 그의 기록을 온라인으로 볼 수 있다.

엠브리가 제공한 내용과 로렌조 마르티네스에 대한 다른 글을 비교하면 선 엘크와 로렌조 마르티네스가 동일인임을 알 수 있다. 다른 책과 보고서에서도 로렌조 마르티네스를 언급하며 그가 칼라일에 있었다고 적고 있다. 1906년에 로렌조 마르티네스는 타오스 문화를 연구하는 인류학자 마틸다 콕스 스티븐슨의 통역사였다. 1920년에 그는 타오스 주지사인 포르피리오 미라벨이 토지 분쟁에 관해 의회 의원들과 만날 때 통역사로 일하기 위해 워싱턴DC로 갔다.
엠브리의 말 중 선 엘크에 대한 일부 내용은 실제와 달라 보인다. 예를 들어, 선 엘크가 종교적인 인물임을 묘사하기 위해 "사제와 즐거움을 만드는 사람"이라는 용어를 사용했다. 우리는 엠브리가 선 엘크/로렌조 마르티네스가 실제로 사용한 단어를 이 용어로 대체했을 것이라 본다. 그리고 선 엘크가 엠브리가 만든 이름인지 아니면 로렌조 마르티네스가 그 이름을 사용한 것인지 궁금하다. 선 엘크는 마르티네스가 타오스 또는 다른 곳을 여행하며 만난 관광객에게 사용한 다른 이름일 수도 있다.
작가가 원주민의 연설을 수정한 사례는 많이 있다. 한 예는《이글 형제, 하늘 자매》라는 그림책이다. 저자는 시애틀 추장이라고 되어 있지만, 그 책에 나오는 말은 씰스(그가 실제로 사용한 이름)가 말한 것과 다르다. 오히려 테드 페리라는 시나리오 작가가 1971년에 생태학에 관한 TV 쇼인 <홈(Home)>을 위해 만든 말과 더 비슷하다.
우리는 책에서 인용한 원주민의 말이 정말 사실인지, 항상 의문을 품기를 권장하며 '선 엘크는 누구였나?'라는 의문을 제기한다.

원주민 가정에서 체벌은 보편적이지 않았지만, 기숙학교에서는 일상적이었다. 아이들은 원주민이 되는 것이 범죄라고 느끼게 되었다. 그들은 자신의 언어를 사용하고 문화적 전통을 실천한다는 이유로 구타를 당하거나 신체적 처벌을 받았다. 이러한 가혹한 대우를 겪은 많은 학생들이 정신적으로 상처를 입었다. 오늘날의 '외상 후 스트레스 장애(PTSD)'를 앓고 있었다고 말할 수 있다. 그들은 기숙학교를 마친 뒤 성인이 되어서도 그 상처를 안고 살았으며, 가족 및 지역 사회와의 상호작용에서 그 상처는 자주 드러났다. 한 여성은 어머니의 기숙학교 경험이 장기적으로 미친 영향에 대해 다음과 같이 말했다.

> 어머니가 들려준 이야기들은 끔찍했어요. 구타가 있었고, 처벌로 차가운 지하실 바닥에서 몇 시간 동안 무릎을 꿇고 벌을 받아야 했다고 했어요. 우리 어머니는 평생 분노에 사로잡혀 살았고, 그들이 너무 어린 나이에 격리되었다는 사실이 이러한 분노의 일부였으며, 그 결과가 우리 가족에게 어떻게 좋지 않은 영향을 미쳤는지를 생각하게 해요.[2]

이와 같은 부모 세대의 경험에서 비롯된 상처가 자녀에게 전달되는 것을 '세대 간 트라우마'라고 한다.

게다가 선교 학교와 기숙학교에서는 남녀 모두를 대상으로 한 성적 학대가 만연했다. 지금도 그렇듯이 권력을 가진 소수의 어른들은 자신이 돌보는 아이들을 성희롱하고, 착취하고, 학대한다. 아이들은 집에서 너무 멀리 떨어져 있었기 때문에 부모에게 보호를 요청할 수 없었다. 설령 부모가 사실을 알게 된다고 해도, 역시나 과거에 성추행을 당했던 많은 부모는 그들을 도울 방법을 몰랐을 수도 있다.

그래서 학교에 다니던 원주민 아이들은 신체적, 정서적, 성적 학대를 피해 도망치는 경우가 많았다. 어떤 경우에는 집으로 돌아가려다 목숨을 잃기도 했다.

원주민 부모와 자녀들은 기숙학교가 강요한 목적과 그곳에서 학생들이 겪는 나쁜 관행에 대해 저항할 다양한 방법을 찾았다. 학교에서 도망치는 것은 원주민 아이들이 저항하는 가장 일반적인 방법이었다. 학교 시설을 파괴하거나, 참여 거부 행동도 있었다. 많은 어린아이가 계속해서 자신의 언어로 말하고 비밀리에 의식과 전통을 이어갔다. 이러한 회복력은 그런 상황 속에서도 어떻게 그렇게 많은 사람이 살아남았는지를 설명해 준다. 그렇다 해도 너무나 많은 어린이, 가족, 지역 사회가 지속해서 피해를 입었고, 그 상처를 지금 우리가 완전히 이해할 수는 없을 것이다.

'대서양에서 태평양까지'를 넘어

미국은 아메리카 대륙에서 원주민들을 잔인하게 식민화하고, 강제로 이주시켰으며, 학살하는 동시에 해외에서도 우위를 차지하기 위해 유사한 방법을 사용하고 있었다. 1798년에서 1919년 사이, 미군은 남극을 제외한 거의 모든 대륙의 국가에 개입하고, 어떤 경우에는 점령도 했다. 이러한 개입을 통해 미국은 영토를 확장했고, 1959년에는 49번째와 50번째 주가 생겨났다.

수천 년 동안 카나카 마올리족(하와이 원주민)은 현재 하와이로 알려진 섬들에 살았다. 섬 사람들은 서로 다른 섬의 땅을 착취하기보다는 포용하며 공통의 언어와 존중을 가졌다. 하와이 사람들은 농업과 어업으로 지역 사회의 생계를 유지했다. 1810년에 섬들은 카메하메하 모이(하와이어로 '왕' 또는 '통치자'라는 뜻이다) 통치 아래 통합되었다. 하와이의 사회, 정치 구조는 계층화되어 있었지만 유럽의 왕족, 귀족, 평민 체제의 억압에 비하면 계층 간은 더 가깝고 상대적으로 존중하는 관계였다. 유럽인들은 아메리카 원주민과 마찬가지로 하와이 원주민 역시 원시적인 이교도로 여겼다. 1820년경 미국에서 칼뱅파 선교사들이 도착하기 시작했고, 1830년대에는 프랑스 가톨릭교회 신부들이 도착했다.

많은 카나카 마올리족은 자신들이 유럽과 미국의 식민지화에 취약하다는 사실을 깨달았다. 그들은 민족 주권을 확보하기 위해 전략적으로 문서 작성 및 조약 체결과 같은 유럽인의 도구를 사용하기로 결정했다. 미국은 1826년에 하와이의 독립을 인정했다. 1840년, 카나카 마올리족은 영국과 미국 정부와 거의 같은 방식으로 헌법을 만들고 법률을 제정했다. 1843년, 영국과 프랑스는 하와이를 독립 국가로 인정하는 공동 선언문에 서명했다. 이후 하와이 사람들은 그들의 최고 통치자인 모이를 선거로 선출했다.

그러나 이후 여러 조약을 통해 미국은 고래잡이를 하와이 해역으로 확장하고, 하와이 농경지를 사탕수수 농장으로 사용할 수 있게 되었다. 1880년대 중반까지 하와이인이 아닌 하올레(외국인)는 상당한 영향력을 얻었다. 1887년에 칼빈주의 선교사와 농장주의 아들과 손자 무리는 미군의 지원을 받아 자신들의 정치적 권력 대부분을 양도받는 법을 승인하도록 모이에게 강요했다. 그러나 하와이 국민은 자신들의 주권에 대한 미국의 간섭에 외교적이고 비폭력적인 수단을 사용해 저항했다. 그럼에도 1893년 미국의 지원을 받아 강력해진 하올레 집단은 릴리우오칼라니 모이를 전복시키고 그녀를 투옥한 후, 하올레 출신 대통령을 세웠다. 많은 카나카 마올리족의 외교적 및 기타 비폭력 저항에도 미국은 1898년에 하와이를 공식적으로 합병했다.

수천 년 동안 현재 알래스카주로 불리는 땅은 원주민의 고향이었다. 그곳은 해안 지역, 온대 우림, 북극 툰드라를 포함했다. 그들은 20개 이상의 서로 다른 언어를 사용하는 수백 개의 개별 집단으로 구성되어 있었다. '알래스카(Alaska)'라는 단어는 '바다를 향해 움직이는 곳'을 의미하는 우난간(Unangan) 단어에서 파생되었다.[3]

원주민과 식민지 주민의 접촉은 비투스 베링이 이끄는 러시아 지도 제작 탐험대가 이 지역에 도착한 1741년경에 시작되었다. 이후 이곳으로 모피 동물을 찾는 수많은 상업적 탐험이 이어졌다. 특히 해달 가죽이 인기를 끌었는데, 이것은 당시에 오늘날의 석유만큼 값비싼 것이었다. 최초의 러시아 정착촌은 1784년에 생겼다. 원주민들은 지역 사회와 자원을 보호하기 위해 러시아인들과 싸웠지만 러시아의 무기에 압도당하고 말았다. '모피 열풍' 기간 동안 러시아인들은 원주민 남성들에게 모피를 충분히 가져오지 않으면 가족을 죽이겠다고 협박하여 사냥을 강요했다. 러시아의 알래스카 식민지화는 100년도 채 되지 않아 막을 내렸다. 하지만 그 기간 동안 해달 개체 수는 거의 멸종할 정도로 줄었다.

알래스카를 지배하려는 러시아의 열망은 모피 무역이 쇠퇴하고 러시아 제국이 다른 곳으로 확장하면서 약해졌다. 1867년에 러시아는 155만km² 면적의 알래스카를 720만 달러에 미국에 매각했고, 미국은 알래스카의 다른 자원을 본격적으로 착취하기 시작했다. 1880년에는 여러 번의 골드러시가 시작되었다. 금 채굴 광산은 알래스카 원주민 지역의 하천, 숲, 생태계를 파괴했다. 원주민들의 삶에 중요한 사냥감들과 기타 야생 동물들은 서식지의 대부분을 잃었고, 원주민들은 광부들이 가져온 다양한 질병에 시달렸다. 알래스카는 또한 세계 최대의 연어 통조림 생산지가 되었지만, 통조림 공장은 정착민 소유였으며 원주민의 어획 권리는 철저히 제한되었다.

알래스카에 온 백인 선교사들과 정착민들은 원주민들을 야만적이고 열등하다고 말했다. 인종 차별과 분리는 합법이었다. 원주민들은 기업 활동과 공공장소에서 배제되었고, 그들의 자녀들은 백인들이 다니는 공립학교에 다닐 수 없었다. 1900년대 초, 알래스카 원주민 집단은 인종 차별, 강제 동화, 자신들의 땅에 대한 압수에 저항하기 위해 알래스카 원주민 형제단(ANB: Alaska Native Brotherhood)과 알래스카 원주민 자매단(ANS: Alaska Neighborhood Sisterhood)을 결성했다. 이들은 사회 정의에 기념비적인 성과를 거두었다. 그들은 1922년에 알래스카 원주민의 투표권을 확보했고, 1945년에는 알래스카주 의회를 움직여 알래스카 민권법을 통과시켰다. ANB와 ANS의 성공적인 저항은 미국 본토에서의 민권 운동(차별을 없애고 권리를 되찾으려는 운동)보다 몇 년 앞선 것이며, 지금은 미국에서 가장 오래된 원주민 시민 단체로 인정받고 있다.

합법화된 토지 강탈에 대한 반발

1872년부터 1956년까지는 미국 정부가 원주민으로부터 지속적으로 토지와 자원을 빼앗으려고 노력한 기간이라 할 수 있다. 원주민 보호구역 경계와 그곳에 누가 들어갈 수 있는지에 대한 법적 합의가 계속해서 바뀌었다. 이러한 변경 중 국립공원 조성 같은 경우는 일반 대중의 눈에 호의적으로 보일 수도 있지만, 실제로는 원주민들을 그들의 땅과 생계 자원에서 합법적으로 분리시키는 역할을 했다.

1872년, 미국 의회는 옐로스톤 국립공원법을 통과시켜 이 공원을 '공공 사용'을 위한 토지로 전환했다. 이것은 사람들이 공원을 방문하고, 캠핑하고, 자연경관을 즐길 수 있음을 의미한다. 공원으로 지정된 토지는 원주민 토지로 인정되지 않았지만, 원주민에게는 '보호된 권리(Reserved Rights)'가 있었기에 해당 토지에서 사냥, 낚시, 여행을 할 수 있었다. 기록에 따르면 쇼쇼니, 배넉, 크로우 부족 등이 이러한 권리를 행사하고 있었다.

옐로스톤은 미국 최초의 국립공원이다. 이후 다른 '공공 사용' 구역도 원주민 토지에 만들어졌다. 이 과정에서 누가, 언제, 어떻게, 사용할 수 있는지는 정부가 정했다. 2018년 기준으로 미국 산림청 시스템에는 154개의 보호림과 20개의 초지가 포함되어 있다. 국립공원 제도에는

제2차 세계대전 중에 미국 정부는 미군에게 전략적으로 중요한 섬에 살던 알래스카 원주민들을 강제로 이주시켰다. 최근에는 영화, 책, 〈알류트 사람들의 목소리(Aleutian Voices)〉와 같은 잡지가 그 충격적인 시기를 보여주고 있다

59개의 국립공원과 300개 이상의 국립 기념물, 해안, 호숫가 그리고 전쟁터가 포함되어 있다.

정부는 그 땅에서 원주민들이 사냥과 의식을 위해 사용할 수 있는 권리를 여러 차례 없애려 했다. 그러나 공공 사용을 위해 빼앗긴 땅을 유지하거나 되찾기 위해 원주민들이 싸워 온 오랜 역사가 있다. 한 예로

알고 있니?

'보호된 권리'는 1905년 미국 대법원 사건인 미국 정부 대 위난 형제 판례에서 나온 법적 용어로,원주민 부족이 연방 정부와의 협상에서 분명하게 포기한다고 밝히지 않은 모든 것에 대한 권리는 그대로 유지한다는 의미다.

타오스 푸에블로 사람들이 블루 레이크(Blue Lake)를 다시 되찾으려 한 투쟁이 있다.

1906년 11월 7일, 시어도어 루즈벨트 대통령은 블루 레이크와 수십 평방킬로미터에 달하는 타오스 푸에블로의 영토를 빼앗아 카슨 국유림의 일부로 만드는 성명에 서명했다. 카슨 국유림의 블루 레이크는 타오스 푸에블로 원주민의 문화 및 의식 전통의 중심지로, 그들은 이후 이곳을 되찾기 위해 64년간 싸웠다. 그 기간 동안 미국 의회는 원주민들의 토지 소유권 주장과 관련 있는 중요한 여러 법률을 통과시켰다. 결국 타오스 푸에블로는 블루 레이크를 되찾을 수 있었다.

1920년대 초까지 뉴멕시코의 푸에블로족은 비원주민 정착민들을 푸에블로 땅에서 떠나게 하려고 노력했다. 미국 뉴멕시코주 홀름 버섬 상원의원이 정착민들에게 토지와 물에 대한 권리를 부여하는 법안을 발의하자, 푸에블로 지도자 대표단은 이 문제를 해결하기 위해 워싱턴 DC로 가서 의회에 직접 호소했다. 그들의 성명 일부는 다음과 같다.

> 우리는 이 법안을 요구한 적이 없다. 우리는 이 법안에 대해 말하거나 행동할 기회를 전혀 얻지 못했다. 우리는 법안을 자세히 연구한 결과 이 법안이 우리의 땅과 물을 빼앗고, 수백 년 동안 지켜 온 우리의 삶을 빼앗고, 오늘까지 우리가 자립 속에 행복할 수 있었던 푸에블로 정부와 관습을 파괴할 것임을 알게 되었다.[4]

자신의 땅을 지키려는 푸에블로족의 노력은 당시 여러 신문에서 호의적으로 다루어졌다. 영향력 있는 일부 비원주민 인사들도 푸에블로 지도자들의 목소리에 지지를 보냈다. 결국 버섬 법안은 부결되었다. 대신 1924년에 푸에블로 토지법이 제정되면서 분쟁 지역에 대한 소유권 주장을 조사하는 푸에블로 토지위원회가 설립되었다. 이사회는 비원주민 정착민을 선호하는 경향이 있었지만, 일부 결정은 오히려 푸에블로족에게 더 나은 결과를 가져왔다.

토지 소유권 투쟁 기간 푸에블로족을 강력히 지지하던 존 콜리어는 1933년부터 1945년까지 인디언 사무국의 국장으로 일했다. 그는 원주민 공동체와 긴밀히 협력하여 1934년 원주민 재조직법 초안을 작성했

1924년, 미국 의회는 모든 원주민에게 투표권을 포함한 미국 시민권을 부여하는 원주민 시민권법을 통과시켰다. 그러나 일부 주에서는 이 법을 완전히 무시했다. 예를 들어, 뉴멕시코와 애리조나주는 1948년까지 원주민에게 투표권을 주지 않았다. 일부 원주민을 포함해서 시민권을 지지한 사람들은 이 법이 연방 정부와 원주민 부족 간의 관계를 더 명확히 할 거라고 믿었다. 그러나 일부 원주민 민족은 이를 조약 위반이자 주권 국가 지위에 대한 위협으로 간주했다. 예를 들어, 이로쿼이 연맹은 이를 거부하고 1940년에 낸 청원서에서 다음과 같이 말했다.

"미국과 맺은 우리 조약에 따르면 우리는 독립된 인종이자 국가이며, 우리 조상들의 땅을 소유하고 다스리는 사람들이다. 또한 우리는 연방 정부의 보호를 받는 한편, 정부와의 우호 관계에서도 서로 의무를 주고받는다. 이 조약에 따라 우리는 1924년 6월 2일의 법안이 6개국 연맹에 적용되는 것으로 보지 않는다." [5]

다. 이 법은 원주민 영토의 추가 지정을 종료하고 연방 정부가 보호구역과 접해 있는 사용 가능한 토지를 구매해, 관련 원주민들에게 복원시켜 주도록 했다. 원주민 재조직법은 부족 국가가 기존 정부의 교체를 원한다면 합법적으로 대표 정부를 설립할 수 있는 절차도 포함하고 있었다. 나바호 네이션(Navajo Nation)을 포함한 몇몇 국가는 전통적인 정부를 유지하기로 결정했다. 원주민 재조직법은 오늘날까지 이어지는 원주민 정책에 관한 연방 법률의 기초를 이룬다. 이는 부족 공동체가 자체 법률을 제정하고 이에 따라 통치할 수 있는 권한을 미국 의회가 공식적으로 인정하고 적극적으로 지원한 최초의 경우였다.[6]

1945년에 해리 트루먼 대통령이 취임하자, 콜리어와 프랭클린 루즈벨트 대통령의 뉴딜 정책에서 임명한 다른 진보적 인사들은 밀려났다. 새로운 법안은 원주민 주권에 대한 지원에서 멀어졌다. 1946년, 의회는 원주민 청구위원회법을 만들어 원주민 청구 법원과 청구위원회를 설립했다. 겉으로는 원주민들이 불법적으로 빼앗긴 토지를 회복하기 위해 소송을 제기하거나 이들 토지의 손실에 대해 일부 보상을 받을 수 있도록 한다는 목적이었다. 그러나 그 결과는 푸에블로 토지위원회가 수집한 주장과 유사했다. 약속과 달리 원주민들은 땅을 잃은 것에 대한 정당한 보상을 받지 못했다. 그럼에도 원주민 청구위원회가 만들어졌다. 의회는 연방 정부가 원주민 토지를 빼앗으면서 조약을 위반했다는 사실을 인정하게 되었다. 그로 인해 원주민 국가들은 나중에 주권을 강화하고 토지를 되찾기 위한 투쟁을 계속할 수 있었다.

1940년대 후반에 의회는 원주민 재조직법을 폐지하고, 연방 정부와 원주민 부족 간의 관계를 끝내려고 했다. 1953년에는 여러 부족 국가의 자치권을 종결시키는 여러 정책 중 첫 번째 정책을 도입했다. 이는 정부가 부족에 대한 연방 자금을 중단하고 부족 정부를 해체하면서, 부족 공동체가 운영하던 사업을 개인 소유의 소규모 사업으로 전환하는 것이었다. 이 정책을 담당하던 원주민 담당관인 딜런 마이어는 이러한 급격한 정책 변화에서 원주민의 동의는 부적절하다고 말했다.

"어떤 경우에는 원주민의 협력이 부족하더라도 계속해서 진행해야 한다." [7]

이른바 '종결 시대(Termination Era)' 동안 원주민 국가를 약화시키려는 의도로 수많은 연방 정책이 만들어졌다. 예를 들어, 공법 280호는 일부 보호구역에 대한 치안권을 부족 정부의 동의 없이 연방 정부에서 주 정부로 넘겼다.

의회는 또한 여러 원주민 국가의 주권 국가 지위를 종결시키기 위한 법안의 초안 작성을 시작했다. 위스콘신에 있던 메노미니족의 국가 지위가 가장 먼저 종결되었다. 1954년 6월 17일, 드와이트 아이젠하워 대통령은 메노미니족이 종결 정책을 전적으로 지지한다는 성명을 발표했지만 사실은 그렇지 않았다. 메노미니족은 수년 동안 당시 원주민 주권을 없애려고 한 연방 정부의 정책 기조에 맞서 저항했고, 결국 다시 주권국가의 지위를 되찾는 데 성공했다. 1953년부터 1966년 사이에 100개 이상의 부족 국가가 사라졌다. 지금도 몇몇 부족은 연방 정부의 주권 인정을 되찾기 위해 여전히 싸우고 있고, 일부는 주권 회복에 성공했다.

미국 정부는 헌법적 또는 기타 법적 권한이 없었지만, 종결 시대에는 원주민을 동화시키기 위해 원주민 주권을 폐지하거나 원주민의 토지를 박탈했다. 이러한 노력 중 하나가 1956년에 만들어진 원주민 이주법(공법 949)이었다. 이 법에 따라 원주민사무국은 원주민 개인이나 가족이 샌프란시스코, 덴버, 클리블랜드를 포함한 특정 도시 지역으로 이주할 수 있도록 자금을 제공했다. 이로 인해 도시로 이주한 대규모의 원주민은 빈곤층과 노동자 계층이 모여 사는 지역에 흩어져 저임금 일자리를 찾고 장기 실업에 직면하게 되었다. 그러나 이들은 공동체 중심의 가치 체계를 유지하고, 정치적 행동을 조직하기 위해 함께 협력하여 지원 센터를 만들기도 했다.

1950년대의 종결법과 이주법은 원주민의 땅을 빼앗기 위한 수백 년에 걸친 노력의 일부였다. 1830년대, 원주민들은 연방법에 의해 자신의 땅

에서 원주민 영토로 강제 이주되었다. 1800년대 후반의 기숙학교는 원주민 아이들을 가족과 지역 사회에서 분리시켰다. 새로운 종결 정책들은 국가 전체에서 원주민의 생존권을 박탈하려는 시도였으며, 이주법은 가족 전체가 고향과 지역 사회를 버리도록 유도했다.

미국 정부가 모든 노력을 기울였음에도, 결국 원주민들은 자신이 원주민임을 포기하지 않았다. 대신 이들은 어디에 있든 서로 정체성을 지지하며 함께 조직하고 활동하면서 저항했다. 1960년대에 들어서자, 원주민들은 10년간의 시위 활동 속에 미국 사회 전체의 관심을 끌어낼 만한 조직적인 정치 활동을 본격화했다.

| 10장 |

원주민 행동,
원주민 권리

1960년대 미국의 정치적, 사회적 격변에 대해 들어 본 적이 있을 것이다. 아프리카계 미국인의 시민권과 미군의 베트남 개입에 반대하는 시위가 주로 언급되었을 테지만, 원주민들도 여러 전선에서 정치적으로 참여했다. 그들의 행동주의는 원주민의 자결권과 주권을 훼손하는 연방 정책에 대해 지속적이고 조직적이었고, 점차 여러 부족이 저항하는 모습을 보였다.

이러한 여러 부족의 행동주의 중 일부는 1940년대에 설립된 조직에 뿌리를 두고 있다. 최초의 국제적인 부족 조직 중 하나는 1940년에 설립된 전미 원주민 협회(Inter-American Indian Institute)였다. 이 협회는 미국 주 정부 조직의 일부로 미국의 전체 원주민들을 모아, 이들과 관련된 문제를 해결하기 위해 활동했다. 미국 내에서는 1944년에 설립된 아메리칸 원주민 전국회의(NCAI)가 1960년대 이후 대부분 원주민 활동에 참여했다. 이 회의는 아직까지 아메리칸 원주민과 알래스카 원주민을 대표하는 가장 오래되고 규모가 큰 조직으로 남아 있다.

원주민 장로들은 이 조직과 자신의 권리를 위해 평생 투쟁하면서 얻은 지혜와 경험을 공유했지만, 새로운 힘과 방향은 젊은 활동가 세대로부터 나왔다. 이 장에서는 1960년대부터 2013년까지 이어진 원주민 활동의 몇 가지 주요 순간을 살펴본다.

어업과 직업: 1960년대 원주민 활동

1960년 존 F. 케네디가 대통령에 당선되었을 때, 원주민들은 드디어 '종결 정책' 같은 정부 프로그램에 강력히 반대하고 원주민 주권을 지지하는 정책을 추진할 기회가 왔다고 믿었다. 1961년에 여러 부족의 원주민 집단이 시카고에서 열린 회의에 모였다. 그들의 목표는 원주민을 위한 새로운 길을 제시하는 원주민 결의 선언문을 완성하는 것이었다. 완성된 선언문은 원주민의 자결권을 강조하고 원주민 공동체의 건강, 교육 및 자원 개발과 관련된 문제에 더 많은 관심을 기울일 것을 포함하여 연방 정부에 대한 요구 사항을 명시했다. 이 선언문은 케네디 대통령에게 전달되었다.

회의 참석자 중에는 지난 2년 동안 자주 모여 자신들이 필요하다고 느끼는 변화에 대해 이야기를 나누어 온 대학생 집단도 있었다. 그러나 회의의 분위기와 방향은 이들을 좌절시켰다. 한 학생은 나중에 다음과 같이 말했다.

> 아메리칸 원주민들이 나서서 연방 정부가 그들을 얼마나 잘 대해 주는지에 대해 노골적인 거짓말을 하는 것을 보는 것은 역겨웠다. …… 무슨 일이 일어났냐면 이 부족 관리들이든, 아니면 변절자들이든, 결국 다시 미국 대통령에게 호소하는 방식으로 돌아가고 있을 뿐이었다.[1]

1961년에 이 대학생 집단은 전미 원주민 청년위원회(NIYC)를 결성했다. 여기에는 21개 원주민 국가에서 온 26명의 원주민 젊은이가 참여했다. 그들의 창립 문서에는 그들이 말하는 '더 위대한 원주민 아메리카'에 대한 책무를 담았다.

> 아메리칸 원주민 역사에서 젊은 세대인 우리는 원주민들이 직면하고 있는 과제를 해결하기 위해 함께 대응해야 한다고 판단한다. 우리는 서로 도울 수 있도록 전국적인 단위로 뭉치는 것이 필요하다고 느낀다. 우리는 원주민의 미래가 궁극적으로 젊은 사람들의 손에 달려 있다는 것을 인정한다. 그리고 원주민 젊은이들이 아메리칸 원주민의 입장에 깊은 관심을 가져야 한다고 생각한다. 우리는 또한 국가 원주민 조직

1964년 1월, 마카 민족의 의장은 워싱턴주에서 조약으로 보장된 어업권을 위해 싸우는 여러 원주민 국가를 지원해 줄 것을 전미 원주민 청년위원회에 요청했다. 활동가들은 1964년 2월, 시애틀에서 열린 대규모 시위를 포함해 언론의 관심을 받은 몇 가지 비폭력 시위를 조직했다. 이 시위는 1964년 3월에 어업권 단체들과 워싱턴 주지사 간의 회의로 이어졌다. 그들이 주지사에게 제시한 요구 사항의 대부분은 충족되지 않았지만, 전미 원주민 청년위원회 대표인 행크 아담스(아니시보인-수족)는 이후 "태평양 북서부 지역의 원주민이 직면한 다양한 문제에 대한 해결에 매우 긍정적이고 건설적인 접근법을 제안할 수 있었다"[3]고 말했다. 그해에 아담스와 여러 지도자들은 '아메리칸 원주민 생존 협회(Survival of American Indians Association)'를 설립했다. 스위노미시, 니스콸리, 야카마, 퓨앨럽, 스틸라고아미시, 그리고 태평양 북서부의 여러 원주민으로 구성된 이 단체의 목적은 원주민의 전통 수역에서 어업에 대한 권리를 보호하는 투쟁을 이어가는 것이었다. 이러한 어업권에 대한 시위에 대해 경찰과 비원주민 낚시꾼들에 대한 반발은 종종 폭력적이었다. 지역 및 주 경찰은 여러 차례 원주민 어선을 부수고 이들의 장비를 압수했다. 그 과정에서 사람들은 때때로 크게 다쳤고, 수년에 걸쳐 많은 사람이 체포되었다.

어업권 운동은 수년 동안 지속되었고, 워싱턴주 프랭크스 랜딩의 작은 공동체가 신문 머리기사에 등장했다. 이는 많은 원주민에게 중요한 순간이었다. 야키마와 체로키 부족의 시드 밀스는 프랭크스 랜딩 시위에 참여한 많은 젊은이 중 한 명이었다. 밀스는 1968년 그곳에서 체포된 후에 자신은 베트남전 참전용사였지만 미국에 더는 의무가 없다고 말했다.

이제 나의 첫 번째 의무는 원주민들과 함께하는 것이다. 니스퀄리 강, 콜롬비아강, 그리고 태평양 북서부의 여러 강에서 물고기를 잡을 수 있는 합법적인 조약을 위해 싸우고, 이 조약을 위한 싸움에서 가능한 모든 방법으로 …… 우리는 우리의 권리를 위해 싸울 것이다.[4]

어업권 운동은 원주민의 권리를 지키기 위한 지역 조직화와 행동의 대표적인 사례였다. 지역공동체 수준의 조직화는 이주로 인해 여러 부족 원주민이 대규모로 거주하는 도시 지역에서도 이루어졌다. 예를 들어, 미네아폴리스에서는 경찰이 원주민들을 차별하고 괴롭히는 일이 자주 일어났다. 오지브웨족 출신 남성, 데니스 뱅크스와 클라이드 벨코

트는 노골적으로 괴롭힘이 심한 지역에서 원주민을 호위하기 위해 비공식 순찰대를 조직했다. 1968년까지 이들의 지역 조직은 아메리칸 원주민 운동(AIM)으로 성장했다. 행동주의에 대한 아메리칸 원주민 운동의 이러한 대항적 접근으로 많은 원주민 국가들의 회원 가입을 이끌었다.

원주민 공동체와 국가에서 지역 사회의 활동이 늘어나는 동안 1969년 11월에 원주민 활동가들이 샌프란시스코만의 앨커트래즈섬을 점거한 사건은 전국적인 관심을 끌었다. 영화 〈더 록〉으로도 알려진 앨커트래즈는 연방 교도소가 있던 곳으로, 정부는 1963년에 이 섬을 폐쇄하고 버려두었다. 미니애폴리스와 마찬가지로 샌프란시스코만 지역에도 이주 프로그램으로 인해 상당한 원주민 인구가 있었다. 이곳의 원주민 우정센터는 고향에서 멀리 떨어져 사는 많은 이들에게 중요한 만남의 장소가 되었다. 이들은 수 클럽, 나바호 클럽 등 소속 부족을 기반으로 한 클럽을 만들어 외로움을 달랬다. 이들은 원주민들의 삶을 더 낫게 만드는 방법을 고민했다. 수 클럽 여성인 벨바 코티에는 정부가 앨커트래즈 섬을 어떻게 사용할 것인지에 대한 결정 과정에 있다는 내용을 신문에서 읽었다. 그녀와 일부 친척, 친구들은 버려진 연방 정부의 땅이 부족 소유로 되돌아간다는 1868년 포트 래러미 조약의 조건을 연구하며, 앨커트래즈가 원주민 재산이 된다는 의미로 이해했다.[6]

1964년 3월 8일, 전통 복장으로 차려입은 수 클럽의 여러 회원 집단은 보트를 타고 앨커트래즈로 향했다. 그들은 루이스와 클라크가 1800년대에 원주민 고향을 횡단하는 '탐험'에서 했던 것처럼 땅에 말뚝을 박아 상징적으로 원주민의 땅임을 주장했다.[7] 그들은 앨커트래즈에 오래 머물지 않았지만 법적 소송을 제기하고 원주민을 위해 섬을 돌려 달라고 주장했다.

그 짧은 조치와 법원 소송은 더 큰 토지 소유권 회복의 길을 열었다.

1969년 11월, 스스로 '모든 부족의 원주민(Indians of All Tribes)'이라고 부르는 단체가 또다시 앨커트래즈 인수를 시도했다. 이들 역시 1868년 포트 래러미 조약을 사용하여 버려진 연방 토지가 원주민 부족의 소유로 돌아갈 거라는 주장을 펼치며, 앨커트래즈가 원주민 땅이라고 선언했다. 그들은 섬에 원주민 활동의 중심지가 된 마을을 세웠다.

앨커트래즈 점령으로 인해 대륙 전역에서 가족을 포함한 수천 명의 원주민이 모여들었다. 일부는 짧은 기간 머물렀지만, 어떤 이들은 1년 이상 이곳에 머물렀다. 여러 원주민 부족 여성이 앨커트래즈에서 리더 역할을 했다. 점령자들의 '모든 부족의 원주민 선언문'은 원주민의 결속과 풍자, 유머를 담고 있다.

아메리카 원주민인 우리는 발견 권리에 따라 모든 아메리카 원주민의 이름으로 앨커트래즈섬으로 불리는 이 땅을 되찾는다.

우리는 이 땅의 백인 주민과의 거래에서 공정하고 명예롭게 거래하기를 원하며, 따라서 다음과 같은 조약을 제안한다.

우리는 앨커트래즈섬을 백인이 약 300년 전 비슷한 섬을 구입한 선례를 따라 유리구슬과 붉은 천으로 24달러를 지불하고 구입할 것이다. (……)

우리는 이 섬의 주민들에게 아메리카 원주민 정부와 코카서스 사무국이 신탁한 땅의 일부를 그들 소유로 넘겨, 해가 뜨고 강이 바다로 흐르는 한 영원히 보유하게 할 것이다. 더 나아가 주민들에게 올바른 생활 방식을 지도하고자 한다. 우리는 그들이 우리의 문명 수준에 도달하도록 돕고, 그리하여 그들과 그들의 모든 백인 형제들을 야만적이고 불행한 상태에서 벗어나게 하도록 그들에게 우리의 종교, 교육, 생활 방식을 제공할 것이다. …… 전 세계에서 오는 선박들이 금문교로 들어서면 먼저 원주민 땅을 보게 되고, 이를 통해 이 나라의 진정한 역사를 상기하

앨커트래즈의 한 건물 벽에 누군가 "원주민 환영. 원주민 연합 재산. 원주민 토지"라고 적은 표지가 보인다. 그 아래에서 젊은 원주민 남성들이 농구를 하고 있다

많은 원주민 가족이 자녀와 함께 앨커트래즈 점령에 동참했다. 낮에는 어린이들이 자전거 타기 등 어디서나 하는 평범한 놀이를 즐겼다

게 된다는 것은 적절하고 상징적인 일이 될 것이다. 이 작은 섬은 한때 자유롭고 고귀한 원주민들이 통치했던 땅의 상징이 될 것이다.[8]

선언문의 일부는 오랫동안 원주민을 낭만적으로 표현하거나 잘못 표현해 온 식민주의 언어를 교묘하게 사용했지만, 모든 부족의 원주민은 진지하게 앨커트래즈에 5개의 기관을 설립할 것을 요구했다.

- 아메리카 원주민 연구센터
- 아메리칸 원주민 영적센터
- 물과 공기의 오염 해결을 위한 과학적 연구를 수행하는 원주민 생태학센터
- 직업 훈련을 제공하고 '조약 파기, 눈물의 이주, 운디드니 학살, 노란 머리 커스터 장군과 그의 군대의 승리에 대한 다큐멘터리를 포함한 원주민 역사의 고귀하고 비극적인 사건'을 가르치는 학교[9]
- 이 섬은 원래 자신의 조국을 공격하는 미국에 저항하는 캘리포니아 원주민들을 감금하고 처형하기 위해 감옥으로 만들어졌다는 사실을 상기시키는 기념물

앨커트래즈 점령이 끝날 무렵에는 수천 명의 원주민, 특히 젊은이들이 더욱 정치에 참여하게 되었다. 18개월간의 점령 기간 동안 앨커트래

즈의 인구는 새로운 사람들이 도착하고, 일부 사람들이 떠나면서 바뀌었다. 그러나 1971년 6월, 리처드 닉슨 대통령 행정부의 명령으로 남아 있던 원주민들은 앨커트래즈에서 강제로 쫓겨났다. 원주민 기관에 대한 요구 사항 중 일부는 점령이 끝난 후 해결되었다. 원주민 교수인 잭 포브스와 데이비드 리슬링은 협상을 통해 사용하지 않는 연방 토지 보조금을 지원받아, 1971년에 2년제 아메리카 원주민–멕시코계 미국인 대학으로 데가나위다–케찰코아틀대학교를 설립했다. 캘리포니아대학교 데이비스 캠퍼스는 아메리카 원주민 연구에 박사 학위를 제공하는 미국 최초의 대학교가 되었다.

1960년대에 결성된 원주민 조직은 다양한 전략을 사용했다. 공동으로 추구한 원칙은 조약 권리, 부족 주권, 자결권, 문화 보존과 같은 모든 원주민 국가가 직면한 기본적인 문제였다. 이러한 공동 원칙 덕분에 수많은 원주민 집단이 1972년에 언론과 일반 대중의 관심을 끌었던 사건인 '파기된 조약의 길(Trail of Broken Treaties)'을 위해 힘을 합칠 수 있었다.

조약 파기의 흔적: 1970년대 원주민 활동

'파기된 조약의 길'은 8개 원주민 조직이 연합하여 조직한 원주민들의 전국 횡단 행진이다. 1972년 10월, 많은 원주민이 워싱턴 DC를 향해 여러 보호구역과 원주민 공동체를 들르며 나아갔다. 각 경유지마다 차량과 참가자 수가 늘어났다. 많은 부족 국가에서 참여한 약 800명의 원주민이 대통령 선거 직전에 워싱턴DC에 도착했다. 그들은 연방 관리들과 만나 원주민 국가에 대한 정부의 책임을 설명하는 20개 항목의 의견서를 제출할 계획이었다.

그러나 원주민 사무국 직원들은 어떤 식으로든 '파기된 조약의 길'에 참여한 원주민을 돕지 말라는 지시를 받았다. 원주민들이 워싱턴에 도착했을 때, 대부분의 참가자는 곧바로 원주민 사무국 건물로 가서 자신이 어디에 머물 수 있는지 알아보았다. 적당한 숙소를 구할 수 없는 경우에는 내무부의 강당에 머물 수 있다는 동의를 얻었다. 원주민들은 원주민 사무국에서 내무부로 향하는 중에 경비원들과 충돌하여 원주민 사무국에 머물렀다. 경찰이 내쫓겠다고 협박하자, 그들은 가구로 문에 바리케이드를 치고 호신용 무기를 만들었다. 이 대담한 원주민 사무국 점거는 언론의 큰 주목을 받았다. 유명 연예인과 민권 운동의 유명 인사들도 곳곳에서 지지를 표명했다.

점거는 6일간 지속됐다. 점거는 누구도 기소하지 않을 거라는 약속

과 닉슨 행정부가 60일 이내에 '20개 항목' 문서를 검토하고 답변하겠다
는 합의로 끝이 났다.

정부의 응답은 매우 실망스러웠다. 전국의 원주민들은 그들의 가장
심각한 우려에 관여하지 않으려는 정부의 태도에 분노했다.

원주민 사무국 건물 점거 3개월 후, 사우스다코타주 서부 파인리지
수 부족 보호구역의 오글라라 라코타족 원주민은 그곳에서 진행 중인
분쟁에 지원을 받기 위해 아메리칸 원주민 운동을 초대했다. 이들은 부
족 의장인 리처드 윌슨, 부족 경찰, 그리고 '오글라라 부족의 수호자'로
불리는 윌슨의 민간 보안대의 위협적이고 때로는 폭력적인 행동을 우려
했다. 지역 주민들은 1973년 2월 27일에 아메리칸 원주민 운동 지도자
들을 만났다. 회의는 윌슨 회장의 악행과 보안대의 폭력에 항의하기 위
해 작은 마을인 운디드니로 지원단을 불러들이기로 했다. 폭력적인 대
결이 이루어질 것이 분명해졌다. 연방수사국, 부족 경찰, 보안대가 지
원단을 따라갔다. 그 후 며칠 동안 헬리콥터와 군대 저격수를 비롯한 수
백 명의 무장 병력이 운디드니를 포위했다. 이것은 1890년에 빅풋과 그
의 부족이 대량 학살된 곳에서 원주민을 2개월 반 동안 포위 공격한 사
건의 시작이었다.

군과 경찰은 운디드니에 모인 원주민들과 수천 발이 오가는 총격전
을 벌였다. 5월에 포위 공격이 끝날 때까지 피해를 입지 않은 마을의 유
일한 구조물은 빅풋과 사람들이 묻힌 공동묘지뿐이었다. 두 명의 원주

민이 총격으로 사망했고, 연방 보안관 한 명이 큰 부상을 입었다. 정부
는 수백만 달러를 지출해 가며 운디드니 시위를 진압했지만, 이 시위를
통해 미국 전역의 원주민들에게 생겨난 새로운 성취감과 단결은 통제할
수 없었다.

1970년대의 원주민 운동은 행진, 유랑단, 점거 같은 행동에만 그치
지 않았다. 주권과 부족 국가를 온전하게 유지하기 위한 원주민들의 단
호한 투쟁은 법정과 의회로 이어졌고, 그곳에서 이들은 '종결 정책'의 중
단과 중요한 몇 가지 법률 통과를 촉구했다. 1975년에 통과된 원주민

1890년의 학살에 관한 이 목판화 포스터는
비원주민 예술가 브루스 카터가 운디드니 시
리즈의 일부로 1970년에 제작했다. 이 포스
터는 3년 후 〈아퀘사스네 노트(Akwesasne
Notes)〉 신문에 실려, 이 학살과 운디드니 사
건 간의 관련을 지적했다

자결권 및 교육 지원법은 부족 국가들이 자신들의 필요를 결정하고, 그 필요를 충족하기 위해 연방 자금을 어떻게 사용할 것인지에 대해 결정할 권한을 인정했다. 이 법은 많은 원주민 국가가 의료, 교육 지원, 경제 개발, 시민을 위한 경찰 및 소방 보호를 포함한 강력한 정치 시스템과 지역 사회 서비스를 개발하는 자극이 되었다.

원주민 자결권과 주권에 기초한 또 다른 주요 연방법은 1978년에 제정된 원주민 아동복지법이다. 이 법이 만들어지기 전에는 모든 원주민 어린이의 25~35%가 주 및 카운티 사회복지기관에 의해 집과 지역 사회에서 강제 이주를 당했다. 게다가 이것은 비원주민 가족에게 어린이를 맡기는 것을 선호하는 법원의 지원으로 이루어지기도 했다. 기관과 법원은 서비스를 필요로 하는 원주민 가족을 돕거나 자녀를 되찾도록 하는 노력을 거의 하지 않았다. 수년간의 의회 조사를 마친 후, 원주민 문제 소위원회 위원장인 제임스 애버레즈크 상원의원은 다음과 같이 말했다.

아동 복지 업무를 담당하는 복지사와 사회복지사들은 합법이든 불법이든, 혹은 강압이든 회유든 수단을 가리지 않고 자신들이 적합하지 않다고 생각하는 엄마들에게서 아이들을 떼어 내려고 한다. 때로는 거짓말을 하고, 서명할 문서를 주고, 문서 내용에 대해서도 속이는 경우가 많았다.[10]

　아메리카 신대륙 발견은 맞는 말일까?

의회 조사 결과는 원주민 아동복지법으로 이어졌다. 이 법의 3부에는 원주민 아동복지법의 목적을 다음과 같이 명시하고 있다.

원주민 어린이를 가족으로부터 분리시키고, 이 어린이를 위탁 가정 또는 입양 가정에 배치하기 위한 최소한의 연방 기준을 확립함으로써 원주민 어린이에 대한 최선의 이익을 보호하고, 원주민 부족과 가족의 안정과 안전을 촉진한다. 원주민 문화의 독특한 가치를 존중하고, 아동 및 가족 서비스 프로그램 운영을 통해 원주민 부족에게 필요한 지원을 제공한다.

여기서 '안정과 안전'이라는 문구는 부족 국가가 주권 독립체로 계속 존재하려면 자녀가 부족 시민으로 남아 있어야 한다는 점을 인정하는 것이다. '원주민 어린이에 대한 최선의 이익'은 아동 보호 또는 복지 시스템에서 원주민 어린이를 원주민 친척이나 원주민 공동체 내에 배치하

> **더 알아보자**
>
> 2016년, 주요 언론은 백인 가족의 위탁 보호에서 촉토족 어린이를 법원 판결로 분리시킨 사건을 보도했다. 언론은 원주민 아동복지법의 목적과 필요성을 독자와 청취자에게 알리지 못했다. 언론이 원주민 아동복지법 사건을 보도할 때는 그 사건을 정확하게 보도할 수 있는 원주민 언론 보도를 읽고 들어 보길 권한다. 두 곳, 아메리카 원주민 권리 기금(NARF)과 국립 인디언 아동 복지 협회(NICWA)는 좋은 시작점이 될 것이다.

여 원주민, 가족, 공동체와의 연결을 잃지 않는 것을 의미한다.

원주민 자녀를 어디에 배정할지 결정하는 과정은 생각보다 복잡하다. 언론의 주목을 받은 최근 법원의 재판 사례들을 살펴 보면, 일부 기관은 여전히 원주민 아동복지법을 지키지 않는 것이 분명하다.

1960년대와 1970년대의 행동주의는 미국 원주민의 주권과 원주민 국가의 우려에 대한 대중의 관심을 끌어올렸다. 동시에 전 세계 원주민들은 각자의 고국에서 목소리를 내며 권리를 주장했다.

글로벌 무대에서의 원주민 활동

스탠딩 락 수 부족 학자인 바인 드로리아 주니어[11]는 이것을 '민족으로서의 인정'이라고 표현했다. 1970년대에 미국 원주민들은 공동체 국가로서의 정당한 지위를 전 세계 국가들로부터 인정받고자 했다.

1973년 운디드니에서 대치한 지 1년도 되지 않아 라틴아메리카와 태평양 섬 국가의 대표들을 포함한 5,000명 이상의 원주민들이 모여 국제 원주민 조약 위원회(IITC)를 설립했다. 이 위원회는 1977년에 아메리카 원주민에 관한 첫 번째 회의를 유엔에서 개최했다. 이 회의는 전 세계 원주민들이 유럽 국가들에 의한 식민지화 및 착취 역사의 유사한 문제를 국제적으로 인식하는 중요한 첫걸음이 되었다. 이로 인해 위원회 원주민들 사이에는 연대감이 생겨났다. '조약 파기의 길'과 함께 워싱턴 DC로 전달된 '20개 조항 의견서'는 회의에서 공유되었고, 유엔 원주민 권리선언의 기초가 되었다.

1987년에 유엔은 원주민 국가들이 다른 국가들과 맺은 조약 및 협정을 검토하는 특별 조사관을 임명했다. 프랑스나 영국 같은 식민지 개척자 및 나중에 등장한 미국이나 호주 같은 국가와 체결한 조약도 포함한 것이었다. 조사 결과는 1999년에 출판된 〈원주민의 인권: 국가와 원주민 간의 조약, 협정 및 건설적 합의에 관한 연구〉라는 제목의 최종 보고서로 발표되었다. 이 보고서는 미국 헌법 제6조에 근거해 대다수 미국 원주민의 조약 권리가 오늘날에도 여전히 유효하다고 결론지었다.

미국 기관과 체결했거나 앞으로 체결될 모든 조약은 국가의 최고법이다. 그리고 어느 주의 헌법이나 법률에 반대되는 내용이 있더라도 모든 주의 판사는 이를 따라야 한다.

헌법 제1조 8항 또한 분명하게 원주민과의 관계를 의회의 권한 중 하나로 "외국, 주 정부 간 그리고 원주민 부족과의 상업을 규제한다"고 명시하고 있다. 이 권한은 아직도 유효하다.

더 알아보자

유엔의 조약 연구 보고서는 토지 복원, 기타 조약 권리(예: 어업권) 및 주권을 위해 계속 투쟁하고 있는 미국 원주민들에게 유용한 도구다. 여러분도 이 기념비적인 연구 보고서로부터 배울 점이 많다. 이 보고서는 유엔 웹사이트에서 볼 수 있고, 도서관에서 인쇄 자료로 찾아볼 수도 있다.

법정에 선 원주민 부족:
2010년대까지 이어진 미국 원주민의 행동주의

원주민들은 누가 집권하느냐에 따라 미국 정부의 정책이 바뀔 수 있다는 사실을 배웠다. 일부 행정부는 조약이나 기타 법적 합의에 따라 부족 국가에 지급해야 할 재정 지원을 무시하거나, 연기했다. 1980년대에 들어서자 일부 원주민 부족은 자신들의 경제를 안정시키고 정부에 대한 의존을 낮추기 위한 수입을 확보하기 위해 자주권을 사용했다. 1985년의 국립 원주민 도박장 협회(National Indian Gaming Association)의 창설이 이 중 하나로 부족 자주권을 행사해서 빙고, 슬롯머신, 카지노 등을 운영해 자급력을 높이는 것이 목적이었다. 2015년경에는 연방 정부가 인정한 원주민 부족 중 약 절반은 연간 250억 달러 이상의 수익을 얻는 도박장을 운영하고 있었다. 일부 부족은 주주가 받는 것과 같은 1인당 배당금을 받았다. 또한 수익금은 교육 및 언어 프로그램 개발, 주택 및 병원 건설, 스미소니언 협회의 국립 아메리칸 인디언 박물관(NMAI)과 같은 대규모 프로젝트에 투자하는 데 사용되었다.

그러나 일부 주에서는 원주민들의 도박장 사업에 반대했다. 캘리포니아주는 1980년대 초에 시작한 카바존 원주민 동맹(Cabazon Band of Mission Indians)이 시작한 고액 빙고 게임의 상금에 한계를 두려고 했다. 주 정부는 빙고 게임장을 급습하고 부족을 고소했다. 이 사건은

1987년에 미국 대법원으로 넘어갔다. 법원은 부족 국가들이 자신들의 보호구역에서 도박에 참여할 고유한 권리를 가지고 있다고 판결해, 기본권은 법적으로 박탈될 수 없음을 알렸다.

판결에 불만이 있는 몇몇 주에서는 의회에 로비를 하여 부족 도박 수익의 일부를 주 정부 재원으로 가져올 수 있도록 했다. 1988년, 의회는 원주민 도박장 규제법(IGRA)을 통과시켰다. 이 법은 원주민의 주권과 자결권을 확인했지만, 주 정부에게 원주민 도박장 운영에 대한 일부 제한을 가할 수 있는 권한도 부여했다. 많은 원주민은 이후 유사한 법원 사건으로 도박장 운영에 관한 모든 결정을 내릴 수 있는 권한이 약화되는 것을 우려하고 있다.

원주민 국가들이 미국 정부와 협상한 많은 조약에는 원주민 토지를 정부에 양도하는 내용이 포함되었다. 그러나 원주민 토지와 자원은 조약을 벗어나 불법적으로 빼앗기는 경우가 많았다. 조약의 결과, 원주민들은 자신들의 토지 반환을 요구할 수 있는 법적 지위를 갖게 되었다.

정부가 특정 집단으로부터 동의 없이 빼앗은 것에 대해 보상하기로 할 때, 흔히 '배상'이라는 용어를 쓴다. 예를 들어, 1988년에 로널드 레이건 대통령은 제2차 세계대전 중 포로수용소에 감금되었던 일본계 미국인 생존자들에게 재산과 자유를 잃은 것에 대한 보상으로 1인당 2만 달러를 지급하기로 한 법안에 서명했다. 원주민들은 금전적 보상의 형태 대신 조약을 위반하여 불법적으로 빼앗긴 토지, 물, 기타 자원의 반환을 요구했다.

미국 정부는 일부 경우에 그 주장이 타당하다고 인정하고, 간혹 블루 레이크를 타오스 푸에블로에게 돌려준 것처럼 원주민에게 토지를 돌려주었다. 토지 반환을 원하지 않는 비원주민 일부에게는 금전적 보상을 해주었다.

사우스다코타주 블랙힐스에 대한 수 부족의 요구가 좋은 사례다. 수 부족은 1921년에 최초로 블랙힐스를 되찾기 위한 소송을 제기했다. 이들은 그레이트 수 부족 보호구역을 설립한 1851년과 1868년의 포트 래러미 조약을 요구의 근거로 삼았다. 보호구역에는 수 부족에게 신성한 땅인 블랙힐스가 포함되어 있었다. 그러나 그 땅의 대부분은 나중에 의회의 법령에 의해 수용되었는데, 수 부족은 이를 조약 위반이라고 지적했다. 수십 년간의 법적 노력과 수년간의 격렬한 항의 끝에 1980년 7월 23일, 미국 대법원은 블랙힐스가 불법으로 점거되었다고 판결했다. 법원은 블랙힐스를 수 부족에게 돌려주지 않으면, 그 대가로 1억 600만 달러를 지불해야 한다고 결정했다. 수 부족은 금전적 대가를 거부하고, 블랙힐스의 반환을 요구했다. 한편, 그 돈은 이자가 계속 쌓이는 계좌에 보관되었고, 2010년에는 7억 5,700만 달러로 불어났다. 하지만 대다수 수 부족 사람들은 미국 정부의 돈을 받는 것은 자신들이 가장 신성시하는 땅을 그들이 훔쳐간 것에 대해 합법화해 주는 행위라고 여겼다.

워싱턴DC 내셔널몰에 위치한 아메리칸인디언 박물관은 원주민에 의해 만들어진 유물, 사진, 기록물, 미디어 등을 보유하고 있는 세계 최대 규모의 박물관 중 하나다. 2004년 9월 21일에 있었던 개관식에는 600여 부족 정부가 참석했으며, 박물관 웹사이트에서는 이 행사를 '역사상 가장 큰 규모의 아메리카 원주민 공동체 모임'으로 소개하고 있다.

다양한 약탈은 수백 년 동안 계속되었다. 북미 대륙 전역의 원주민 유적, 무덤, 성지가 연구와 이익을 위해 약탈당했다. 인류학자, 고고학자, 유물 거래상, 취미 수집가들은 인간의 유해, 장례 물품 등 신성하거나 문화적으로 중요한 물건 외에도 도자기, 화살촉, 석기 도구와 같은 원주민 유물들을 훔쳤다. 그 유물들은 박물관이나 개인이 소장하여 연구에 사용되거나 대중으로부터 사라졌다. 어떤 곳에서는 관광객의 호기심을 끌기 위해 원주민의 유해가 전시되기도 했는데, 대부분 원주민 공동체와 가족의 허락 없이 진행되었다. 이러한 물건을 사고파는 일은 수익 사업이 되었기에, 지하 시장이 번성하게 되었다.

수십 년 동안 부족 정부와 원주민 개인의 압력을 받은 후, 의회는 1990년에 '아메리카 원주민 무덤 보호 및 송환법(NAGPRA)'을 통과시켰다. 이 법에 따라 박물관은 인간의 유해와 장례 물품을 원주민 공동체에 반환해야 했다. 의회가 이 법안에서 사용한 '송환'이라는 용어는 적합한 것이었다. 이 법이 만들어지기 전에는 미국 연방 정부가 전쟁 포로 유해를 본국으로 돌려보낼 때 이 용어를 썼다. 아메리카 원주민 부족도 주권을 갖고 있어, 의회는 원주민 유해의 반환을 '송환'으로 정확하게 특징지었다.

미국 정부가 또 다른 중대한 문제인 원주민 여성에 대한 폭력에 대응하기까지는 수십 년이 걸렸다. 학대와 폭행을 당한 원주민 여성에 대한 정의를 요구하는 목소리는 수년 동안 무시되었다. 미국 법무부의 최근 연구에 따르면 원주민 여성에 대한 가정 폭력 및 성폭력 비율은 미국 내 다른 어떤 집단의 비율보다 높으며, 폭력 행위의 대부분은 비원주민에 의해 저질러진 것으로 나타났다.[12]

원주민 보호구역에서 범죄를 저지른 비원주민을 기소하는 것은 누가(부족, 주, 연방 정부) 기소 권한을 가지는가에 대한 법 규정 때문에 꽤 복잡하다. 1970년대부터 부족들은 자신의 땅에서 범죄를 저지른 비원주민을 기소할 수 없었다. 연방 정부만 기소가 가능했지만 그들은 거의 하지 않았다. 그 결과, 수많은 원주민 여성들이 학대나 성폭행을 당하고도 끝내 정의 실현을 보지 못했다.

　2013년에 이르러, 의회는 여성폭력방지법(VAWA)을 재승인하는 과정에서 부족 국가도 가정 폭력 및 데이트 폭력에 대해 비원주민을 기소할 수 있도록 하여 이러한 폭력을 막는 중요한 첫 진전을 보였다. 가정 폭력 피해자인 원주민 생존자는 다음과 같이 말했다.

> 이제 우리 부족 관리들이 처음으로 특정 범죄에 대해 조처할 수 있는 관할권을 갖게 되었다. 하지만 이것은 우리가 필요로 하는 전체적인 보호의 한 조각일 뿐이다.

　가정 폭력으로부터의 보호는 사실 많은 원주민 여성이 평생 겪는 수많은 폭력에 대한 보호 장치 중 하나일 뿐이다. 원주민 대변자들은 2013년에 이루어진 여성폭력방지법의 변화를 바람직하게 보며, 원주민 여성에 대한 폭력 범죄를 기소할 수 있는 추가 권한을 부족 정부에 주도록 계속 의회를 압박하고 있다.[13]

　이 장에서 다룬 50년 원주민 저항의 역사는 청년들이 선두에 서고, 노인들이 참여하며 진행되었다. 그들은 자주권을 위해 엄청난 반대에 부딪

혀도 끈질기게 활동을 지속했다. 원주민들은 여러 차례 시민 불복종을 실천하고 법 집행에 반대하며 온몸으로 저항했다. 이들은 때때로 구타당하고 체포되기도 했지만, 탄력적이고 창의적으로 정의를 추구했다. 이들은 전 세계의 다른 원주민들과 연대하여 모두와 관련된 문제를 해결하기 위해 함께 노력했다. 그리고 정부 기관과 법원에서도 원주민 공동체와 부족을 위한 정의를 위해 끊임없이 목소리를 냈다.

노인들의 끈기와 청년 세대의 활동은 미국 사회에서 원주민들의 문제에 대한 인식을 높였고, 오늘날까지도 행해지는 관련 법률 제정으로 이어졌다. 2017년, 이러한 저항은 스탠딩 락 수 부족 보호구역 근처에서 벌어진 세계적인 투쟁의 핵심이 되었다. 그 투쟁의 중심에는 '물'이라는 주제가 있었다.

물은 생명
: 21세기 원주민의 저항

미국의 역사는 주권을 가진 원주민 부족들이 정착 식민주의 세력에 맞서 끊임없이 저항해 온 이야기다. 원주민들은 고향 땅과 그곳의 자원에 대한 주권과 권리를 확고히 주장했다. 1800년대 후반이 되자 인구가 줄어들고 극심한 빈곤에 빠진 뒤에도, 원주민들은 종교 관습과 문화적 전통을 보호하고 땅을 지키며 미국 정부가 그들의 주권을 인정하게 하기 위해 가능한 모든 수단을 사용했다.

이 장에서는 원주민들이 정부와 민간 기업의 이익에 맞서 저항한 최근 사례인 2014~2017년 노스다코타주 스탠딩 락 수 부족 보호구역의 다코타파이프라인(DAPL) 반대 시위를 소개한다. 그리고 스탠딩 락 저항 운동의 배경 정보와 주요 사건을 간략하게 정리했다.

또, 앞에서 논의한 많은 개념과 문제를 이 사건에 적용하여 21세기 스탠딩 락에서 일어난 일을 분석해 본다.

스탠딩 락 다코타 파이프라인 반대 시위 사례

스탠딩 락 시위의 배경

미국 에너지부에 따르면, 원주민 토지는 미국 전체 토지 면적의 약 5%에 불과하지만[1] 미국 전체의 저유황 석탄, 석유, 천연가스, 우라늄을 포함한 에너지 자원의 약 10%가 이곳에 분포한다. 이런 사실을 알면 미국의 에너지 산업이 원주민 지역에서 채굴 및 시추 작업을 진행하면서 원주민 공동체에 피해를 주는 일은 놀랍지 않다. 특히 우라늄 채굴과 핵무기 실험, 방사성 폐기물 저장은 미국 서부의 원주민과 비원주민 거주민의 건강을 위협하며 위험한 장소를 만들었다. 하지만 원주민 공동체는 이러한 피해에 대한 정당한 보상을 거의 받지 못했다.

1975년의 원주민 자주결정법(Indian Self-Determination Act)은 원주민 부족들이 자신의 땅에 있는 자원에 대해 더 많은 통제권을 가질 수 있도록 했다. 일부 원주민 부족의 경우에는 의사결정 권한이 커짐에 따라 자원을 보호하는 입장과 자원을 사용하여 소득을 얻는 입장이 달라 서로 갈등을 겪었다. 예를 들어, 일부 나바호 사람들은 자신들에게는 소량의 전기만 공급할 뿐, 대다수를 피닉스와 로스앤젤레스에 공급하는 석탄 가스 발전소를 자기 부족 땅에 건설하는 것에 반대했다. 또한 행동가들은 생태를 파괴하고 건강에 치명적인 영향을 초래하지만 규제 없이 행해지는 석탄과 우라늄 노천 채굴에 맞서 수십 년 동안 싸웠다.

매년 많은 지역 사회에서 독성 화학물질이 물, 토양, 공기로 배출되고 있다. 이것은 반드시 해결되어야 한다. 이러한 화학물질 중 일부는 소량이라도 지역 사회의 물 공급에 지속적으로 해를 끼칠 수 있다. 환경에 끼치는 피해는 일반적으로 영구적이다. 오염 기업이 스스로 정화하도록 대중의 압력으로 강제하는 때도 있다. 하지만 그럴 경우에도 피해 지역 주민들은 오염 유발자가 환경을 복원하기 위한 최소한의 조치만 취한다는 사실을 알게 된다.

원주민 정부는 자연 및 문화 자원 보호를 위해 싸워 왔다. 환경법에 대한 지식과 주권 국가로서의 권리를 활용하여, 기업 및 정부 기관과 갈등 속에서 자신들의 자연과 문화, 자원을 보호하기 위해 싸워 왔다. 예를 들어, 파이프라인을 건설하기 전에 정부와 관련 기업은 파이프라인 건설이 인근 지역 사회에 어떤 영향을 미칠지를 검토하는 환경영향평가를 마쳐야 한다. 정확한 평가를 위해 파이프라인이 토양, 공기, 물에 어떤 영향을 미칠 수 있는지, 그리고 묘지나 성지와 같은 문화적, 역사적 자원에 어떤 영향을 미칠 수 있는지 조사해야 한다. 공병대와 같은 미국 정부 내의 특정 부서와 석유 회사는 이러한 환경영향평가 과정에 부족과 협의해야 한다. 그렇게 하지 않으면 원주민들은 공식적으로 불만과 법적 조치를 제기하거나 함께 모여 거세게 항의했다.

트랜스캐나다의 키스톤XL(KXL) 파이프라인 프로젝트에 대한 원주민 저항이 그 좋은 예다. 2008년에 제안된 이 파이프라인은 캐나다의 원유를 싣고 캐나다에서 시작해, 여러 원주민 보호 구역을 가로지르거나 네브라스카와 인근 주의 수백만 명의 생존에 필수적인 대규모 지하 수원인 오갈랄라 대수층 바로 위로 지나갈 계획이었다. 정부는 허가 과정에서 원주민의 조약상 권리를 간과해, 파이프라인으로 가장 큰 영향을 받게 될 원주민 부족을 포함하지 않았다.

원주민과 비원주민 지주, 환경 운동가들은 파이프라인 건설에 함께 맞서 싸웠다. 그들은 워싱턴 DC의 정책 결정자들과 만나고, 파이프라인 부품을 운반하는 트럭을 차단하거나, 파이프라인 건설 구역 근처에 캠프를 설치하는 등 지역 및 국가 차원에서 광범위하게 대응했다. 그들의 강력한 목소리와 저항 행동은 키스톤 파이프라인 및 다른 파이프라인의 잠재적 피해에 대한 일반인들의 인식을 높였다.

2012년 1월, 오바마 대통령은 캐나다와 미국 국경을 넘는 키스토 파이프라인 북쪽 구간에 대한 허가를 거부하면서 '미국 국민을 보호'[2] 하기 위해 파이프라인의 위험 가능성에 대한 정보를 수집하는 데 더 많은 시간이 필요하다고 말했다. 트랜스캐나다는 다시 신청서를 제출해서 오클라호마의 일부 파이프라인 건설은 이루어졌지만, 많은 이들이 오바마의 거부를 중요한 승리로 여겼다.

시위는 파이프라인의 위험성과 조직적인 저항 및 시민 불복종의 중요성에 대한 일반인들의 관심을 불러일으켰다. 그러나 에너지 회사들은 계속해서 다른 파이프라인을 계획하고 건설했다. 키스톤 파이프라인 프로젝트가 중단된 것으로 보인 지 채 2년이 지나지 않아 원주민들은 국제적인 관심을 끌 또 다른 파이프라인 반대 시위를 시작했다.

스탠딩 락에 저항하기

스탠딩 락 수 부족 원주민 보호구역은 스탠딩 락 수 부족의 라코타족과 다코타족의 고향이다. 그들의 원래 고향은 현재 노스다코타주와 사우스다코타주, 와이오밍주, 몬태나주, 미네소타주, 아이오와주, 네브래스카의 일부 주를 포함한다. 1851년 포트 래러미 조약은 수 부족에게 넓은 영토를 보장했지만, 1868년의 조약으로 토지 규모는 대폭 줄어들었다. 1868년 이후 수년 동안, 수 부족은 조약 위반으로 훨씬 더 많은 땅을 빼앗기고 결국에는 작은 보호구역 몇 개만 남았다. 1948년에 시작된 오아헤 호수 댐 프로젝트는 부족에 속해 있던 수천 에이커의 숲, 방목지, 농지를 파괴했다.

오아헤 호수는 스탠딩 락 주민들의 중요한 식수원이 되었다. 그러다 2014년에 한 에너지 회사가 그 식수원을 위협하는 파이프라인을 제안했다. 에너지 트랜스퍼 파트너스(Energy Transfer Partners)는 노스다코타 북부 유전에서 수압으로 분리된 원유를 약 1,930km 거리에 있는 일리노이 남부의 기존 파이프라인까지 운반하는 다코타 통과 파이프라인을 제안했다. 이 회사는 4개 주에서 열린 공개 회의, 청문회를 통해 일

생각해 보자

2000년에 오아헤 호수의 낮아진 수위는 유적과 묘지를 드러냈다. 스탠딩 락 수 부족은 드러난 유물과 유적을 보호하기 위해 얀크턴 수 부족과 함께 아메리카 원주민 무덤 보호 및 송환법에 따른 소송을 제기했다. 과학자들은 기후 변화로 인해 가뭄과 홍수가 증가할 수 있다고 예측한다. 오아헤 호수와 같은 지역이 앞으로 더 많아질 것이다. 그렇게 되면 이 법은 미래에 어떤 역할을 하게 될까?

반인들의 의견을 수집하고 환경적으로나 문화적으로 민감한 지역을 피하고자 경로를 조정했다고 말했다. 이러한 조정 중 하나는 노스다코타의 주도인 비스마르크에서 멀어진 것이다. 초기 제안은 도시 북쪽의 미주리강을 건너는 파이프라인이었지만, 이 노선은 스탠딩 락 수 부족 보호구역 북쪽에 있는 오아헤 호수 아래를 지나는 경로로 바꾸었다. 이 경

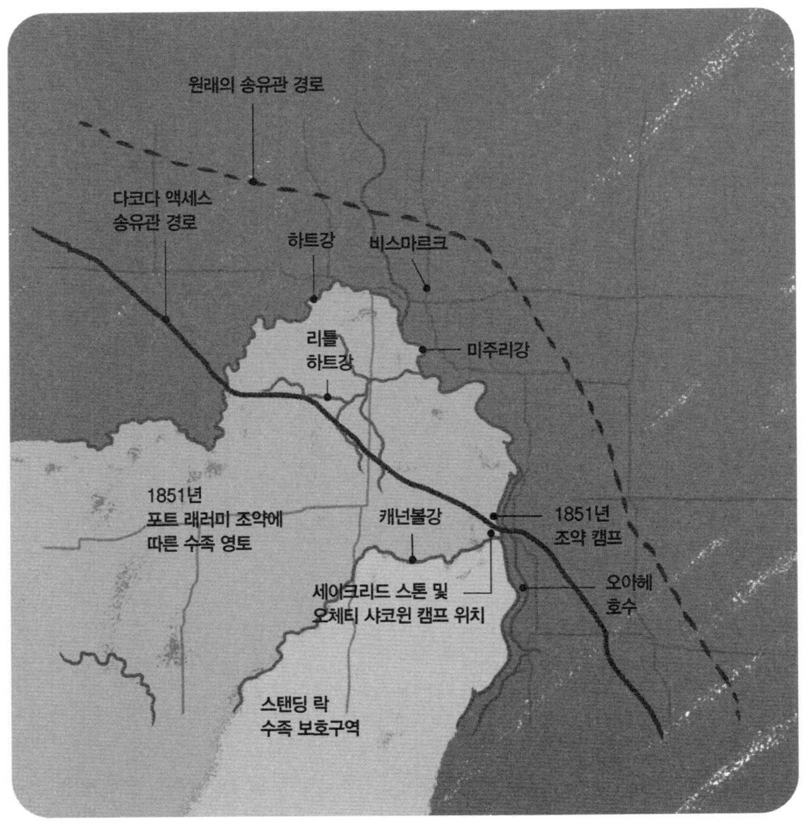

이 지도는 비스마르크 북쪽에 처음 제안된 파이프라인 경로와 스탠딩 락 수 부족이 지키기 위해 싸웠던 1851년 포트 래러미 조약으로 수 부족에 돌아온 땅을 포함하여 이 장에서 다룬 많은 장소를 보여준다

로는 파이프를 덜 사용하고, 물을 적게 지나며, 주거용 물 공급원에서 더 멀리 떨어져 있다.

스탠딩 락 보호구역 주민들은 이 경로가 포트 래러미 조약 및 미국 환경 규제 조건을 위반했고, 식수 공급을 위태롭게 만든다고 주장했다.

그들은 스탠딩 락에서 열린 회의에서 파이프라인 회사 대표들에게 이러한 반대 의사를 분명히 밝혔다. 2014년 9월 30일, 부족 의장은 그들에게 다음과 같이 말했다.

우리는 2012년에 통과시킨 조약 경계 내 어떤 파이프라인에도 반대하는 결의안을 가지고 있다. 그러니 이것은 부족이 지지하지 않는 것이라는 걸 누구나 알길 바란다. 부족이 결코 원하지 않는 일이다.[3]

부족 구성원들은 제안된 파이프라인이 스탠딩 락의 식수 공급원인 오아헤 호수 아래를 가로지르게 될 것임도 지적했다.

한 부족 역사 보존 담당관은 석유 회사가 간혹 국립 역사보존법과 국가 환경보호법을 우회하는 방식으로 파이프를 설치하려 했다는 사실을 부족들이 알고 있다고 밝혔다. 또한 그는 현재 파이프라인 경로의 오아헤 호수 밑에 잠겨 있는 다코타 마을의 역사적, 문화적 중요성에 대해서도 설명했다. 이 마을은 1863년에 미군에 의해 자행된 학살 현장이었다. 당시 수백 명의 수 부족 가족이 사냥과 겨울을 대비하기 위해 음식을 준비하고 있었다. 빅 헤드와 리틀 솔저가 그들의 지도자였다. 군인들이 공격하자, 생존자들은 강을 건너 도망쳤다.

빅 헤드 추장의 가족은 이곳에서 물을 건넜다. 밤이 되자 아기들은 울기 시작했고, 어린 소녀들은 아기들을 안고 강을 건넜다. 그들은 우는 소리가 들리지 않도록 아기들의 코를 막기도 하며 아기를 안은 채 미주리강을 헤엄쳐 건너갔다. 이것은 사람들이 잘 모르는 이야기지만, 널리 알려야 할 우리의 중요한 이야기다.[4]

생각해 보자

정부와 기업은 오염된 공기, 물, 토양으로 인해 가장 심각한 영향을 받는 지역 사회 주민들의 의견을 고려하지 않고 환경과 관련된 결정을 내리는 경우가 많다. 연구에 따르면, 아프리카계 미국인과 라틴계 또는 원주민 공동체는 백인 중산층이나 부유한 공동체보다 매립지, 석탄 화력 발전소 또는 기타 오염원에 가깝게 살 가능성이 훨씬 더 높다. 이것을 '환경 인종차별'이라고 한다. 애팔래치아 광산 지역과 같이 빈곤율이 높은 백인 지역 사회 역시 환경에 영향을 미치는 의사결정에서 배제될 가능성이 높다. 이러한 문제에 대응하여 환경 정의 운동은 모든 지역 사회의 사람들이 환경 위험에 노출되는 규정 및 관행에 맞서 싸울 수 있도록 노력한다. 많은 이가 백인이 대다수인 비스마르크에서 다코타 파이프라인이 스탠딩 락 보호구역에 더 가깝게 이동시키는 결정에 환경 인종주의가 영향을 미쳤다고 의심했다.

여러분도 자신의 지역 사회에서 물, 공기, 토양 오염의 주요 원인이 어디에 있는지 알아보자.

고소득층이나 주류 인종이 거주하는 지역 근처에 위치하는가? 아니면 주로 저소득층이나 소수 인종이 거주하는 지역 근처에 있는가?

부족 역사 담당관은 학살에 대한 이야기를 공유해야 할지에 대해 고심했다고 말했다.

> 우리에게 이렇게 중요하고 신성한 이야기를 파이프라인 회사에 알리고 싶은가? 하지만 여러분에게 중요한 것은 이 지역의 역사, 그리고 우리가 이곳과 맺고 있는 깊은 연결성에 대해 아는 것이다. …… 오늘 이 방에는 빅 헤드 추장과 리틀 솔저 추장의 후손들, 그리고 다른 많은 추장의 후손들이 있다. 그리고 우리의 문화 유적지, 기도 장소, 땅의 청지기로서의 의무와 책임에 부정적인 영향을 미칠 수 있는 제안을 우리가 공식적으로 승인하거나 수락하는 것은 …… 우리가 이곳에서 가지고 있는 것, 그리고 우리 국민과 아이들을 위해 남겨 둔 것을 위해 싸우고 보호하고 보존하려는 우리 기관의 목적에 어긋나는 것이다.[5]

스탠딩 락 부족 협의회와의 회의에서 들은 내용에도 불구하고, 에너지 회사와 공병대는 다코타 파이프라인을 강행했다. 회사는 승인 과정에 '수백 번의 공개회의와 수천 개의 연구 문서'가 포함되었다고 밝혔다.[6] 그러나 이러한 회의와 문서 중 스탠딩 락 수 부족과의 협의가 포함된 경우는 거의 없었다. 부족은 승인을 한 적이 없었다. 에너지 회사는 2015년 12월에 환경영향평가서를 발표하면서 파이프라인이 부족의 중요한 지역에 절대로 해를 끼치지 않을 거라고 주장했다. 부족은 동의하지 않았지만 파이프라인 건설 계획은 추진되었고, 스탠딩 락 주민들도 이를 막을 계획을 세웠다.

2016년 4월 1일, 라돈나 앨러드는 파이프라인 반대에 동참하길 원하는 사람들을 위한 여러 캠프 중 첫 번째인 신성한 암석(Sacred Stone) 캠프를 캐논볼강이 미주리강과 합류하는 그녀의 가족 땅에 설치했다. 이 캠프의 이름은 수천 년에 걸친 소용돌이로 형성된 고대의 둥근 암석에서 영감을 받았다. 그러나 앨러드는 "미 육군 공병대가 1950년대 후반에 오아헤 댐을 완공하면서 캐논볼강 하구를 준설하고 이 지역을 침수시킨 뒤로, 둥근 돌은 더 이상 만들어지지 않는다. 그들은 우리의 신성한 강의 일부를 죽였다"[7]고 말했다.

7월 25일, 공병대는 석유 회사가 오아헤 호수 아래에서 시추를 시작하도록 승인했다. 스탠딩 락 수 부족은 이틀 후에 금지 명령을 제출했고, 석유 회사는 건설을 방해했다는 이유로 부족장을 고소했다. 몇 달 동안 부족과 회사의 변호사들은 파이프라인 건설을 두고 법정에서 수차례 맞붙었다. 8월 초에는 부족 의원 등 여러 사람이 건설 현장에 접근하려다 체포되었다. 그곳에는 부족의 언어 전문가로 일하고 있던 알레이나 이글실드도 있었다. 이후 그녀는 자신을 도와 아이들에게 학교 교육을 시킬 수 있도록 전통 지식을 갖춘 사람들을 찾기 시작했고, 이후 물 수호자 학교(Mni Wiŵchoni Nakiżiżiŋ Owayawa)를 세웠다.

2016년 8월 무렵 작가, 변호사, 의료 인력을 포함한 수천 명이 '일곱 개의 불(Oceti Sakowin)'이라고 불리는 캠프에 머물고 있었다. 이들 가운데에는 100여 개 이상의 원주민 공동체 사람들뿐 아니라 남아프리카, 노르웨이, 필리핀 등에서도 참여했다. 물을 보호하기 위해 스탠딩 락에 모인 사람들은 스스로를 '물 수호자'라고 불렀다. 그러나 파이프라인 회사, 법 집행 기관, 언론 매체는 지역의 물 공급을 유지하려는 그들의 목표를 부각하지 않고 그들을 단순히 파이프라인을 반대하는 '시위자'로 불렀다.

스탠딩 락에 머무는 이들 중에는 수개월 동안 머무른 사람들도 있었지만, 대부분은 짧은 기간 지지 활동을 했다. 남아 있는 사람들은 기도와 비폭력 행동으로 저항하며 그곳을 지켰다.

지역 주민들 대다수는 처음부터 모턴 카운티 보안관이 '물 수호자' 시위를 중단시키길 원했다. 마을 사람들과 지역 법 집행 기관은 장애물 설치와 같은 일부 비폭력 항의 행위를 '폭력적'이라고 잘못 표현하는 경우가 많았다. 소셜 미디어와 일부 신문 논평에서 그들은 캠프에 있는 원주민들을 비난하는 투로 이야기하곤 했다.

2016년 8월 19일, 노스다코타 주지사는 주 남서부와 중남부 지역에 비상사태를 선포했다. 주지사와 모든 카운티 보안관은 비폭력 시위에 대해 군사적 대응을 동원하는 동시에 시위 권리가 헌법에 따라 보호된다는 점을 공식적으로 발표했다. 그러나 발표의 대상은 너무 많은 시위자들 때문에 불안을 느낀 원주민이 아니었다. 그것은 비원주민 지역 주민들을 안심시키려는 조치였다. 다른 주에서 온 주방위군과 법집행관은 결국 '물 수호자'와 몇 달간 대치했다. 경찰은 여행자의 신분증을 확인하고 어디로 가는지, 무엇을 할 계획인지를 확인하는 검문소와 장애물을 설치했다. 또한 소형 비행기와 헬리콥터를 동원하여 공중에서 캠프를 감시했다.

뉴스 매체와 소셜 미디어는 국내외 청중의 관심을 끄는 데 중요한 역할을 했다. 원주민들은 언론의 관심을 끌고 시위 현장에서 멀리 떨어진 사람들과 소통하기 위해 소셜 미디어를 효과적으로 활용했다. 그들은 드론에 카메라를 부착하여 무슨 일이 일어나고 있는지 알릴 수 있도록 시각적 자료를 제공하는 비디오를 만들었다. 일부는 페이스북의 라이브 비디오 스트리밍을 사용하며 생방송했다. 트위터와 페이스북에서는 #NoDAPL, #WaterIsLife 등의 해시태그를 사용하여 대중에게 널리 알렸다. '물 수호자'는 뉴스 프로그램 기자가 스탠딩 락에서 보도를 할 수 있도록 허용했다. 그러나 뉴스와 소셜 미디어 보도는 사회적으로 큰 우려를 불러일으켰다. 사람들은 금전, 물품, 법률 서비스 기부를 통해 파이프라인에 자금을 지원한 은행 앞 시위에 참여하여 2017년 3월 10일, 워싱턴 DC에서 열린 '스탠딩 락과 함께 일서서기' 행진에 동참하고 지지를 표명했다.

유명 인사들도 물 수호자 캠프에 합류해 더 많은 언론의 관심을 끌었다. 그리고 전 세계 많은 이들이 파이프라인을 설치하려고 굴착 중인 기계 앞에 모여 있는 물 수호자들을 개들이 공격하는 영상을 보고는 충격을 받았다. 그 개들은 다코타 파이프라인 회사가 고용한 보안 회사 소유였다. 방송된 영상은 경비원이 개들의 목줄을 풀고 물 수호자들을 공격하도록 하는 모습이었다. 이에 대해 부족장은 스탠딩 락의 치안 유지 및 명백한 시민권 침해를 조사하도록 법무부에 요청했다.

10월 23일, 일부 물 수호자들은 에너지 회사가 최근 사들인 캐넌볼 목장 부지의 파이프라인 경로에 새로운 캠프를 세웠다. 이 목장은 보호 구역이 아니었지만, 1851년 포트 래러미 조약에 따라 라코타 부족이 그들 소유로 간주하는 땅이었다. 이 '1851년 조약 캠프'에는 약 15개의 티피와 50개의 텐트가 있었다. 10월 27일에 폭동 진압 장비를 갖춘 경찰과 주방위군, 군용차가 캠프에 접근했다. 이들은 최루탄, 진압봉, 고무탄, 고통스럽게 큰 소리를 내는 '음향 대포' 등을 동원해 100명 이상을 체포했다. 또한 해당 지역을 관통하는 주요 도로에 있는 다리에 차량으로 봉쇄를 준비했다. 나중에 누군가가 그 차량에 불을 질렀는데, 일부 소식통은 시위대를 비난했지만 다른 소식통은 보안 회사 직원이 방화했다고 전했다.

경찰은 10월 27일의 급습 이후에도 계속해서 다리를 막고 바리케이드에 콘크리트 장벽과 철조망을 추가해, 물 수호자가 시추 현장에 다가

무장한 경찰은 스탠딩 락에서 다양한 무기를 사용했고, 전투를 위한 위장복과 폭동 진압 장비를 갖추었다. 사진 속에서 도로 위를 달리고 있는 밝은색 대형 군용 차량 위에는 장거리 음향포가 설치되었다

가기는 한층 어려워졌다. 또한 캠프에 있는 사람들은 시내까지 훨씬 더 긴 경로를 이용해야 했고, 캠프를 오가는 긴급 차량도 차단되었다. 시위에 참여하지 않은 지역 주민들도 봉쇄로 인해 피해를 보았다. 얼마 지나지 않아 이곳은 위기 발생 지역으로 널리 알려졌다.

11월 초에 원주민, 백인, 흑인 청년 40~50명이 캐논볼강을 건너 묘지로 가려는 영상이 소셜미디어에 유포되었다. 그들은 보온 담요에 싸인 채 허리까지 차오르는 섭씨 4도의 차가운 물을 건너면서 손을 잡고 기도했다. 폭동 진압 장비를 갖춘 경찰이 그들을 막기 위해 강둑에 줄을 섰다. 젊은이들은 경찰에게 묘지를 떠나 달라고 요청했다. 영화제작자

　아메리카 신대륙 발견은 맞는 말일까?

인 조시 폭스는 두 집단 사이의 상황을 지켜보고 있었다. 그는 젊은이들이 "우리가 원하는 건 깨끗한 물뿐이다!"라고 말하는 것을 들었다. 얼마 지나지 않아 폭스는 십대 한 명이 경찰이 근거리에서 쏜 고무 총탄에 맞아 구급차에 실려 갔다고 보도했다. 폭스는 후추 스프레이를 맞은 몇몇 젊은이들과 이야기를 나누었고, 어느 기자가 고무 총탄에 맞는 것도 목격했다. 그는 스탠딩 락에서 목격한 일을 회고하면서 다음과 같이 썼다.

마치 미국 역사의 축소판이 펼쳐지는 것 같다. 한쪽에는 '명백한 운명'이라는 이름으로 자행된 잔혹 행위와 대량 학살 원주민 전쟁의 끔찍한 유산이 있고, 다른 한 편에는 평등, 평등주의, 권리장전, 민주주의, 인권을 위한 투쟁이라는 미국의 위대한 전통이 있다. 역사의 충돌 과정은 스탠딩 락에서 가장 명확하게 드러난다. 한쪽에는 커스터 장군의 계보적·이념적 후손이 있고, 다른 쪽에는 시팅 불, 크레이지 호스, 운디드니의 후손들이 있다. 역사의 유령들이 물 위에서 춤을 추듯 눈앞에 아른거렸다. 최루 가스와 후추 스프레이의 연기가 그들의 유산을 위협했다. 그것은 기후, 권리장전, 그리고 물속에서 떨며 서 있는 모든 미국인을 위한 싸움이다.[8]

11월 20일, 뉴스와 소셜 미디어에서는 다리를 두고 대치하는 한밤중의 상황을 보도했다. 그날 밤, 물 수호자는 경찰이 다리 위에 장벽으로 사용하고 있던 불에 탄 차량을 제거하기 시작했다. 봉쇄선 반대편에 는 경찰과 보안 요원이 있었는데, 이들 중 다수는 폭동 진압 장비를 착용했다. 보안관실은 바리케이드를 철거하는 과정에서 시위대가 경찰을 공격했다고 밝혔지만, 영상은 이러한 주장을 뒷받침하지 않는다. 경찰 은 최루탄과 섬광탄을 발사해 많은 사람을 다치게 했다. 그날 밤 기온이 영하로 크게 떨어졌기 때문에 물 수호자는 추위를 막기 위해 작은 불을 지폈다. 경찰은 이 불을 안전 문제로 규정하고 고압 급수 호스로 불과 사람들을 향해 물을 발사했다. 충돌이 끝날 무렵, 200명이 넘는 물 수호 자들이 저체온증과 가벼운 상처로 치료를 받았다. 고무 총탄에 팔이 부 러진 여성과 최루탄을 맞은 노인을 포함해 상처가 큰 몇몇 사람들은 병 원에 입원했다.

겨울이 닥치고 폭설이 쏟아지자, 몇몇 수호자들은 떠났지만 아직 많 은 사람이 남아 있었다. 약 2,000명에 달하는 미군 참전용사들이 수용 소에 남아 있는 사람들을 지원하기 위해 도착했다. 뉴스 보도에 놀란 많 은 퇴역 군인들은 경찰과 물 수호자 사이에서 인간 방패 역할을 하겠다 고 나섰다. 스탠딩 락 수 부족과 파이프라인으로 영향을 받은 사람들은 법정, 스탠딩 락, 파이프라인에 자금을 지원한 은행, 많은 사람이 보는 스포츠 행사에서 투쟁을 계속했다.

그 후 6개월 동안 몇 차례 의미 있는 승리가 있었다. 사건 직후 부족 은 오바마 대통령에게 파이프라인 회사가 필요로 하는 토지 이용권을

물 수호자들이 "물은 생명이다", "신성한 것을 지키자"라는 팻말을 들고 고속도로를 막은 바리케이드 뒤에 서 있다

거부하고, 부족 주권을 보호해 달라고 요구했다. 그러나 토지 이용권은 주어지지 않았으며 공병대는 다른 가능한 경로에 대한 환경영향평가서를 준비하기 시작했다.

약간의 좌절도 뒤따랐다. 특히 2016년 대선 결과는 저항 세력에 큰 타격을 입혔다. 공화당의 대통령 당선인은 다코다 파이프라인 프로젝트의 지분을 소유한 회사의 투자자였다. 2017년 1월 24일, 트럼프 행정부는 오아헤 호수 시추 진행을 승인했다. 그렇게 해서 6월 1일에 파이프라인이 가동되었다. 12월, 스탠딩 락 부족 의장은 다코타 파이프라인

물 수호자들은 전국의 스포츠 경기장에 현수막을 내걸어, 다코다 파이프라인에 투자한 은행들에게 중단을 요구했다

이 여전히 주민들에게 위험하므로 폐쇄되어야 한다고 말했다. 그는 "공병대와 다코타 프로젝트가 비상 대응 계획에 반드시 부족을 포함시켜야 하고, 파이프라인 사고나 수리에 대해 회사가 정기 보고해야 한다는 점이 부족에게는 다행스러운 일이다"라고 말했다.

공병대와 파이프라인 회사가 법원의 명령을 따를지는 아직 미지수다. 앞 장에서 설명했듯이, 역사는 원주민에게 불리하게 왜곡되거나 완전히 무시되는 법원 판결과 조약들로 가득 차 있다.

과거는 현재다: 스탠딩 락 사건의 분석

다코다 파이프라인에 대한 원주민의 저항은 미국 원주민 역사상 가장 중요한 순간 중 하나였다. 이 사건들은 과거 역사 속 장면들의 메아리였지만, 그 역사 자체가 이미 스탠딩 락에서 일어난 일들을 예고하는 부분이 있었다. 과거의 메아리가 어떻게 스탠딩 락 시위에 나타났는지 분석해 본다.

- 원주민 주권
- 원주민의 토지와 자원에 대한 보살핌
- '발견의 교리'
- 미국이 파기해 온 조약의 역사
- 원주민의 식민지화에 대한 저항
- 원주민 저항에 대한 군사적 대응
- 원주민 저항에 대한 일반인들의 인식에서 대중 매체의 역할
- 원주민 권리 보호를 위한 미국 법률 시스템 활용
- 원주민에 대한 잘못된 생각과 고정관념

주권 요구는 다코다 파이프라인에 대한 원주민 저항의 핵심이었다. 우리는 유럽인들이 도착하기 전, 이미 수천 년 동안 수백 개의 독자적인

주권 국가들이 이 대륙에서 번성해 왔다는 것을 알았다. 이들 주권 국가들은 무역, 외교에 참여하고 때로는 전쟁 때 서로 동맹을 형성하는 등 밀접한 상호작용을 했다. 또한 우리는 대륙의 천연자원-땅, 물, 식물, 동물-을 사용하여 서로와 지역 사회를 돌보았다는 사실도 알게 되었다. 이들은 마시고, 청소하고, 관개하기 위해 안전한 물이 생명에 필수적이라는 것도 알고 있었다. 이를 보호할 책임은 한 세대에서 다음 세대로 이어졌다.

주권과 중요한 자원의 보호는 스탠딩 락에서 함께 이루어졌다. 다코다 파이프라인에 대한 스탠딩 락 수 부족의 저항은 공병대와 파이프라인 회사가 자원(이 경우에는)과 신성한 장소에 어떤 일이 일어날지를 결정하는 부족의 주권을 인정하고 존중하지 않았기 때문에 필연적이었다. 캠프에서 태어난 아이부터 원로까지, 많은 주권 민족 원주민들이 스탠딩 락 수 부족을 지지하기 위해 모였다. 이들은 토지와 자원은 개인이나 기업의 이익을 위해 사고팔 수 있는 상품이 아니며, 이러한 자원은 생명을 유지하기 위해 존중해서 사용해야 한다고 외쳤다. 사람들이 들고 다니는 피켓과 많은 부족의 지도자들이 보내온 편지에는 모두 "물은 생명이다!"라고 적혀 있었다. 그렇게 그들은 다코타 파이프라인에 맞서 싸웠다.

이 책을 통해 우리는 '발견의 교리'에 대해 알게 됐다. 이 교리는

1452년부터 바티칸이 공포한 법률로, 유럽 열강들이 자신들의 소유가 아닌 땅에 대한 정복과 착취를 정당화하는 데 사용되었다. 모든 유럽 국가들은 이 교리에 의존하게 되었고, 이를 통해 다른 민족의 고국을 식민지화할 수 있는 권리를 그들이 하나님으로부터 부여받았다고 생각하게 되었다. 여러 세기 동안 이 교리는 대량 학살과 원주민 토지 및 자원 절도에 대한 법적 보호를 제공했다. 오늘날 대부분의 미국 법률은 '발견의 교리'를 언급하지 않지만, 그 개념은 너무나 많은 사람의 마음속에 자리 잡고 있어서 정작 그들은 그것이 자신들의 태도와 행동을 지배하고 있다는 것을 인식하지 못한다. 기업과 정부 기관 사람들은 스탠딩 락과 같

은 장소의 원주민 토지와 자원을 자신들이 원하는 작업에 사용하는 것을 정당화한다.

그러나 원주민들은 처음부터 이에 맞서 싸웠다. 원주민이 아닌 집단들도 부정의를 인식했다. 스탠딩 락에서 비원주민 성직자 집단이 '발견의 교리'를 비난하고 그 해로움을 보여주기 위해 해당 내용이 담긴 인쇄물을 불태우기도 했다.

2016년 12월에 스탠딩 락 부족과 샤이엔 리버 수 부족, 양크턴 수 부족은 미주 인권위원회에 도움을 요청했다. 이번에는 광산 및 파이프라인 건설과 같은 채굴 산업 프로젝트가 원주민 인권에 미치는 영향에 대해 위원회의 청문회에서 증언하도록 부족 대표들이 초청되었다. 청문회 최종 보고서는 정부 기관, 파이프라인 회사 및 경찰이 스탠딩 락 물 수호자에 대해 취한 조치가 미국에만 국한된 것이 아니라는 점을 분명히 밝혔다.

미국이 수 부족과 맺은 조약을 지키지 못한 역사적 실패 또한 스탠딩 락에서 저항이 일어난 요인이었다. 미국 헌법 제6조는 "모든 미국의 권한 하에 체결되었거나 체결될 조약은 이 나라의 최고법이 된다"라고 규정한다. 그러나 의회는 수 부족에게 영원히 약속되었던 보호구역의 상당 부분을 빼앗아 갔다. 스탠딩 락 수 부족은 파이프라인 회사와 공병대가 부족의 토지권을 무시하고 있다는 주장을 펼치기 위해 포트 래러미의 원래 조약을 강조했다.

스탠딩 락의 사람들은 평화로운 행동으로 파이프라인을 중단시키겠다는 의지를 여러 차례 강조했다. 그들은 아예 캠프에 무기를 두지 않았다. 그러나 이러한 그들의 저항에 대한 대응은 지역 경찰, 주방위군, 그리고 물 수호자에 맞서는 군용 차량과, 무기를 배치한 파이프라인 회사가 고용한 민간 보안군의 무장 동맹이었다. 이러한 대응은 그곳에 모인 저항하는 사람들에게 익숙했다. 수백 년 동안 유럽인과 미국인은 원주민과의 외교를 회피해 왔다. 그리고 협상으로 원하는 것을 빨리 얻을 수 없으면 민병대나 군대를 불러들였다. 식민지 개척자들은 여성, 어린이, 노인들을 대상으로 전쟁을 벌이는 데 금방 익숙해졌고, 원주민들이 '문명화된' 전쟁 방식을 사용하지 않는다며 자신들이 한 일을 변명하기에 급급했다.

스탠딩 락의 경찰은 자신들이 파이프라인 회사를 적으로부터 방어하고 있다고 보았다. 그들은 시위 참가자들이 비폭력 저항 방식으로 일관되게 기도하거나 노래를 부르고 있을 때도 공개 성명에서 이를 '위협적'이라고 비난했다. 지역 보안관 사무실은 심지어 원주민들이 '전쟁 외치기'와 '일격 가하기(counting coup)'*를 하고 있다고 표현했는데, 이는 1800년대 사람들이 '원주민 국가'와의 개척지 전쟁에 대해 이야기했던 방식과 매우 유사했다.

시위자들이 더 적극적으로 나서서 파이프라인 경로에 조약 캠프를 건설하거나 묘지에 가기 위해 강을 건너자, 경찰은 폭동 진압 장비를 착용하고 후추 스프레이, 음파 무기, 고무탄, 물 대포로 그들을 공격하는 것을 정당화했다. 민간경비대가 공격용 개를 풀 때도 경찰은 저지하지 않았다. 스탠딩 락 경찰은 항상 물 수호자들보다 중무장을 하고 무기를 지니고 있었다.

스탠딩 락에서의 비폭력 저항과 이에 대한 군사적 대응은 전국 언론의 주목을 받았다. 1800년대 뉴스 보도는 미군과 전쟁을 벌이던 네즈퍼스족, 모독족 및 기타 부족에 대한 동정심과 존경심을 불러일으켰다. 스탠딩 락과 이전 사건의 주요 차이점 중 하나는 이번에는 원주민들이 무슨 일이 일어나는지 기록하고 보도할 수 있었다는 점이다. 그들은 캠프 밖의 동맹국들에게 직접 정보를 얻을 수 있었고, 기자들이 캠프에 들어가 더 많은 청중에게 다가갈 수 있도록 허용했다.

스탠딩 락의 법무팀은 이전에 많은 부족 국가가 그랬던 것처럼, 미국 법률 시스템을 이용하여 법정에서 기업 이익과 정부에 맞서 싸웠다. 그때도 지금처럼 법원은 승패를 가렸다. 파이프라인에 대한 스탠딩 락의 저항은 원주민이 법정에서 자신의 주권적 지위를 확인하고 자결권을 주장하며 경제적, 정치적 최선의 이익을 위해 대응하는 또 다른 좋은 사례다.

원주민 및 비원주민 변호사와 원주민 공동체에 영향을 미치는 법률에 정통한 사람의 수는 1800년대 이후 엄청나게 증가했다. 그들은 연합을 결성하고 환경법, 조약, 토지권 및 언론을 이용해 미국 정부와 원주민 국가의 권리를 침해하는 모든 사람들과 싸우고 있다.

스탠딩 락 저항은 1400년대 이후 원주민이 아닌 사람들을 오염시킨 원주민에 대한 고정관념과 잘못된 생각을 바로잡는 데 특히 효과적이었다. 원주민은 식민지화로 '전멸'되지 않았다. 그들은 결코 야만적이거나, 무능하거나, 게으르거나, 원시적인 생물이 아니었다. 세계는 원주민 공동체가 확고한 목적을 가지고 단결하는 것을 목격했다. 그들은 '술 취한 인디언'도 아니었고, '패배한 전사'도 아니었다. 그들은 변호사, 작가, 연설가, 아이와 노인, 영적 지도자, 정부 지도자로서 모두 자신의 목표, 즉 원주민 주권을 주장하여 물을 보호한다는 확신을 가지고 비폭력으로 참여했다.

스탠딩 락에서 일어난 일은 특별한 것이 아니다. 기업들은 여러 차례 미군을 이용해 원주민의 토지와 자원에 접근해 원하는 것을 얻고, 얻은 후에는 자신들의 이익을 보호했다. 미국은 기업 이익에 도움이 되는 협정을 반복해서 체결하고 파기했다. 원주민들 역시 반복해서 이들에 반대했다. 많은 역사가들이 미국 기업이 자원을 사용하려고 할 때, 미국이 세계의 약소국을 다루는 방식과 유사한 점을 지적한다. 그 전략은 지역 사회가 어떤 영향을 받을 수 있는지 듣기 위한 지역 지도자와의 만남을 거부하거나 그들의 의견을 완전히 무시하는 것이다. 때때로 이런 전략은 군사적 성격을 띤다. 미국은 종종 미국 기업을 통해 이익을 얻으려는 정부에 원조, 무기 또는 자문관을 보낸다. 그런 다음 해당 정부는 지역 사회가 미국 기업의 행동으로 인해 발생한 피해에 항의할 때, 반대 의견을 진압하기 위해 이들을 사용한다.

한 원주민 역사가는 "살아 있는 사람은 조상이 한 일에 책임이 없지만, 과거의 산물인 자신이 살고 있는 사회에 대해서는 책임이 있다"고 주장한다. 이 책을 읽으면서 우리는 한 국가가 스스로를 특별하다고 여기지만, 실제로는 결코 특별하지 않은 방식으로 행동해 온 수많은 사례를 알게 되었다. 또 우리는 원주민들이 식민지 개척자들과의 만남을 어떻게 보는지에 대해 많은 것을 배웠다.

이러한 지식을 통해 우리는 원주민의 삶에 영향을 미치는 상황에서 자신의 지식을 직접적인 행동으로 바꿀 수 있다. 영화나 책에서 원주민을 잘못 표현한 경우에는 다른 사람에게 진실을 알려 줄 수 있다. 친구들에게 말하자. 자신이 본 문제를 지적하는 영화나 서평을 소셜 미디어에 올려 보자. 원주민 미디어나 #NativeTwitter와 같은 해시태그를 사용하는 소셜 미디어 대화를 팔로우하면 오늘날 원주민들이 직면하고 있는 문제에 대해 더 많은 것을 알아볼 수 있다.

파이프라인 건설, 채굴 등의 착취는 21세기에도 계속될 것이 확실하다. 원주민들 역시 자신의 지역 사회, 땅, 물, 신성한 장소, 그리고 더 넓은 세계를 위험으로부터 보호하기 위해 계속 노력할 것이다.

미래의 세상에서 인류가 어떤 모습으로 미래를 이끌어 갈지는 지금, 여러분의 과제로 남아 있다.

★ 인용문 출처

서론 | 이 땅

1. Patrick Wolfe, "Settler Colonialism and the Elimination of the Native," Journal of Genocide Research 8, no. 4(December 2006): 387

2. Jenni Monet, "Standing Rock Joins the World's Indigenous Fighting for Land and Life," Yes Magazine, September 30, 2016, https://www.yesmagazine.org/people-power/standing-rock-joins-the-worlds-indigenous-fighting-for-land-and-life-20160930.

3. Thomas Jefferson, The Writings of Thomas Jefferson, ed. Andrew Adgate Lipscomb, Albert Ellery Bergh, and Richard Holland Johnson(Washington, DC: Thomas Jefferson Memorial Association of the United States, 1907), 296.

4. Walter R. Echo-Hawk, In the Courts of the Conqueror: The 10 Worst Imdian Law Cases Ever Decided(Golden, CO: Fulcrum, 2010), 77-78

5. "Genocide," UN Office on Genocide Prevention and the Responsibility to Protect, http://www.un.org/en/genocideprevention/genocide.html, accessed November 27, 2018.

6. John F. Marszalek, Sherman: A Soldier's Passion for Order(New York: Free Press, 1992), 379.

7. Jean M. O'Brien, Firsting and Lasting: Writing Indians Out of Existence in New England(Minneapolis: University of Minnesota Press, 2010).

1장 : 옥수수를 따라서

1. "Peacekeeping Traditions of the Iroquois Confederacy," Peace Talks (radio), November 25, 2005, http://www.goodradio shows.org/

peaceTalksL33.html.

2. Emmet Starr, History of the Cherokee Indians and Their Legends and Folk Lore (Oklahoma City: Warden, 1921), 22.

2장 : 정복 문화

1. Francis Jennings, The Invasion of America: Indians, Co-lonialism, and the Cant of Conquest (New York: W. W. Norton, 1976), 168.

3장 : 계약의 이단

1. John Mack Faragher, Mary Jo Buhle, Daniel H. Czitrom, and Susan Armitage, Out of Many: A History of the American People, vol. 1, 8th ed. (New York: Pearson, 2015), 1.

2. Jennings, The Invasion of America, 15.

3. "Naturalization Oath of Allegiance to the United States of America," US Citizenship and Immigration Services web-site, https://www.uscis.gov/us-citizenship/naturalization-test/naturalization-oath-allegiance-united-states-america, accessed October 13, 2018.

4. Billy Kennedy, Our Most Priceless Heritage: The Lasting Legacy of the Scots-Irish in America (Greenville, SC: Ambassador International, 2005).

4장 : 피의 흔적

1. John Grenier, The First Way of War: American War Making on the Frontier, 1607-1814 (Cambridge, UK: Cambridge University Press, 2008, 6.

2. John W. Shy, "A New Look at Colonial Militia," William and Mary Quarterly 20, no. 2(1963): 175-85.

3. Colin G. Calloway, The Scratch of a Pen: 1763 and the Transformation of

North America(New York: Oxford University Press, 2006), 73.

4. Grenier, The First Way of War, 42.

5. Grenier, The First Way of War, 29.

6. Grenier, The First Way of War, 69.

7. Colin G. Calloway, The American Revolution in Indian Country: Crisis and Diversity in Native American Communities(Cambridge, UK: Cambridge University Press, 1995), 197.

8. Grenier, The First Way of War, 18.

9. Alexander Martin, "Instructions to Charles McDowell Concerning an Expedition Against the Cherokee Nation," July 23, 1782, Colonial and State Records of North Carolina 16: 697–98, Documenting the American South, University of North Carolina at Chapel Hill website, https://docsouth.unc.edu/csr /index.html/document/csr16–0489, accessed October 19, 2018.

10. Reuben Gold Thwaites and Louise Phelps Kellogg, Documentary History of Dunmore's War, 1774 (Madison: Wisconsin Historical Society, 1905), 86.

11. "To George Washington from the Seneca Chiefs, I December 1790," Founders Online, https://founders.archives.gov/documents/Washington/o5–07–02–0005, accessed October 13, 2018.

12. Laws of the United States of America from the 4th of March, 1789, to the 4th of March, 1815, vol.1 (Philadelphia: John Bioren and W. John Duane), 605.

13. Daniel Richter, Facing East from Indian Country: A Native History of Early America (Cambridge, MA: Harvard University Press, 2001), 74.

14. Richter, Facing East from Indian Country, 223

15. Richard Drinnon, Facing West: The Metaphysics of Indian–Hating and Empire Building (Minneapolis: University of Minnesota Press, 1980), 331.

5장 : 한 국장의 탄생

1. Raymond J. DeMallie and Vine Deloria Jr., Documents of American Indian Diplomacy: Treaties, Agreements, and Con-ventions, vol. 1, 1775–1979 (Norman: University of Oklahoma Press, 1999).

2. Grenier, The First Way of War, 195.

3. Michael D. Green, The Politics of Indian Removal: Creek Government and Society in Crisis (Lincoln: University of Nebraska Press, 1982), 26.

4. Grenier, The First Way of War, 176.

5. Grenier, The First Way of War, 177.

6. Grenier, The First Way of War, 187.

6장 : 제퍼슨, 잭슨, 그리고 원주민 영토의 추구

1. Boutros Boutros-Ghali, Interim Report of the Commission of Experts Established Pursuant to Security Council Resolution 780 (January 1993), 16. https://undocs.org/S/25274, accessed December 13, 2018.

2. Boutros Boutros-Ghali, Final Report of the Commission of Experts Established Pursuant to Security Council Resolution 780 (May 1994), 33. https://undocs.org/S/x994/674, accessed December 13, 2018.

3. "From Thomas Jefferson to William Henry Harrison, 27 February 1803," Founders Online, https://founders.archives.gov/documents/Jefferson/01-39-02-0500, accessed February 11, 2019.

4. Grenier, The First Way of War, 204.

5. James M. Mooney, Historical Sketch of the Cherokee(1900)(Chicago: Aldine Transacter, 1975), 124.

6. Alexis de Tocqueville, Democracy in America, trans. Henry Reeve(New York: Colonial Press, 1900; originally published in 1838), 113.

7장 : 바다에서 빛나는 바다까지

1. George E. Tinker, Missionary Conquest: The Gospel and Native American Cultural Genocide(Minneapolis: Fortress Press, 1993), 42.

2. Wai-chee Dimock, Empire for Liberty: Melville and the Poetics of Individualism (Princeton, NJ: Princeton University Press, 1989), 9.

3. John Reynolds, John Brown, Abolitionist: The Man Who Killed Slavery, Sparked the Civil War, and Seeded Civil Rights New York: Vintage, 2005), 449.

4. Reginald Horsman, Race and Manifest Destiny: The Origins of American Racial Anglo-Saxonism(Cambridge: MA: Harvard University Press, 1981), 235.

5. Robert W. Johannsen, To the Halls of the Montezumas: The Mexican War in the American Imagination(New York: Oxford University Press, 1988), 218.

8장 : 원주민 영토가 '원주민 국가'가 되다

1. Alice Marriott and Carol K. Rachlin, American Indian Mythology (New York: Thomas Y. Crowell, 1968), 139.

2. United States War Department, Report of the Secretary of War, Being Part of the Message and Documents Communicated to the Two Houses of Congress at the Beginning of the Second Session of the Fifty-Second Congress, vol. 1(Washington, DC: Government Printing Office, 1892), 219.

3. United States Department of the Interior, Report of the Secretary of the Interior Being Part of the Message and Documents Communicated to the Two Houses of Congress at the Beginning of the First Session of the Forty-Fourth Congress, vol. 1(Washington, DC: Government Printing Office,

1875), 366.

4. Robert G. Hays, A Race at Bay: New York Times Editorials on "The Indian Problem," 1860-1900 (Carbondale: Southern Illinois University Press, 1997), 10.

5. Official Report of the Nineteenth Annual Conference of Charities and Correction (1892), 46-59, quoted in Richard H. Pratt, "The Advantages of Mingling Indians with Whites," Americanizing the American Indians: Writings by the "Friends of the Indian," 1880-1900 (Cambridge, MA: Harvard University Press, 1973), 260-71.

9장 : 지속되는 통치

1. Edwin R. Embree, Indians of the Americas(Boston: Houghton Mifflin, 1939), 226.

2. Yvonne Leif, "Boarding Schools for Indian Children," in-terview, All Things Considered, National Public Radio, October 14, 1991.

3. Maria Shaa Tláa Williams, ed., The Alaska Native Reader: History, Culture, Politics(Durham, NC: Duke University Press, 2009), 1.

4. Joe S. Sando, Pueblo Nations: Eight Centuries of Pueblo Indian History(Santa Fe, NM: Clear Light, 1992), 117.

5. Lisa Brooks, "Intellectual History," in The Oxford Handbook of American Indian History, ed. Frederick E. Hoxie(New York: Oxford University Press, 2016), 528.

6. Matthew L. M. Fletcher, Federal Indian Law(St. Paul: West Academic Publishing, 2016).

7. Richard Drinnon, Keeper of the Concentration Camps: Dillon S. Myer and American Racism(Berkeley: University of California Press, 1987), 235.

10장 : 원주민 행동, 원주민 권리

1. Daniel M. Cobb, Native Activism in Cold War America: The Struggle for Sovereignty(Lawrence: University of Kansas Press, 2010), 52.

2. Cobb, Native Activism in Cold War America, 60.

3. David E. Wilkins, ed., The Hank Adams Reader: An Exemplary Native Activist and the Unleashing of Indigenous Sovereignty(Golden, CO: Fulcrum, 2011), 179.

4. Howard Zinn, A People's History of the United States, 1492–Present(New York: HarperCollins, 1995), 526–27.

5. United States v. Washington, 384 F. Supp 312 at 28(W.D. Wash. 1974), https://wdfw.wa.gov/fishing/salmon/BoldtDecision8.sx1 rlayoutforweb.pdf, accessed December 16, 2018.

6. Troy Johnson, "The Occupation of Alcatraz Island: Roots of American Indian Activism," Wičazo Ša Review 10, no. 2 (Autumn 1994): 63–79.

7. Donna Hightower Langston, "American Indian Women's Activism in the 196os and 1970s," Hypatia 18, no. 2 (Spring 2003): 118.

8. Susan Lobo, ed., Urban Voices: The Bay Area American Indian Community (Tucson: University of Arizona Press, 2002), 80.

9. Truman Lowe, James Luna, and Paul Chaat Smith, James Luna: Emendatio (Washington, DC: National Museum of the American Indian, 2005), 32.

10. Fletcher, Federal Indian Law, 422.

11. Vine Deloria Jr., Behind the Trail of Broken Treaties: An Indian Declaration of Independence (Austin: University of Texas Press, 1985), 78.

12. André B. Rosay, Violence Against American and Alaska Native Women and Men: 2010 Findings from the National Intimate Partner and Sexual Violence Survey (Washington, DC: US Department of Justice, May 2016),

https://www.ncjrs.gov /pdffiles1/nij/249736.pdf.

13. Sari Horwitz, "New Law Offers Protection to Abused Native American Women," Washington Post, February 8, 2014, http://wapo.st/NmaOqq?tid=ss_tw&cutm_term=.eca2704cba88.

결론 | 물은 생명 : 21세기 원주민의 저항

1. Lizana K. Pierce, DOE's Tribal Energy Program (Wash-ington, DC: US Department of Energy, 2016), https://www .energy.gov/sites/prod/files/2016/0I/f28/081Ireview_orpierce.pdf.

2. Barack Obama, "Statement by the President on the Keystone XK Pipeline," White House Office of the Press Secretary, January 18, 2012, https://obamawhitehouse.archives.gov/the-press-office/2012/01/18/statement-president-keystone-xl-pipeline.

3. "September 3oth DAPL Meeting with SRST," transcription of audio recording, 4, EarthJustice.org, https://earthjustice.org/sites/default/files/files/Ex6-J-Hasselman-Decl.pdf, accessed October 13, 2018.

4. "September 3oth DAPL Meeting with SRST," 15.

5. "September 3oth DAP Meeting with SRST," 16-17.

6. Dakota Access Pipeline Facts, "What Was the Regulatory Process for Approving the Dakota Access Pipeline?,"
https://daplpipelinefacts.com/dt_articles/what-was-regulatory-process-for-approving-dakota-access-pipeline/, accessed December 14, 2018.

7. LaDonna Brave Bull Allard, "Why the Founder of Standing Rock Sioux Camp Can't Forget the Whitestone Massacre," Yes Magazine, September 3, 2016, https://www.yesmagazine.org/people-power/why-the-founder-of-standing-rock-sioux-camp-cant-forget-the-whitestone-

massacre-20160903.

8. Josh Fox, "Shot in the Back at Standing Rock," Daily Beast, November 14, 2016, https://www.thedailybeast.com/shot-in-the-back-at-standing-rock.

★ 사진 · 이미지 출처

· PG. 17   Courtesy of Artful Doodlers

· PG. 18   Courtesy of Artful Doodlers

· PG. 20   Courtesy of the Architect of the Capitol, 1847.

· PG. 29   Courtesy of the Carol M. Highsmith Archive, Library of Congress, Prints and Photographs Division.

· PG. 43   Courtesy of the Cahokia Mounds State Historic Site.

· PG. 47   Courtesy of Pearl Talachy.

· PG. 48   Courtesy of Dallas Goldtooth, IEN National Campaigner.

· PG. 54   Art Collection 2/Alamy Stock Photo

· PG. 57   Courtesy of Museo Nacional del Virreinato, 18th century.

· PG. 61   Courtesy of the Louvre, Department of Islamic Art.

· PG. 61   "Crown Jewels Poland" by Gryffindor, licensed under CC BY-SA 3.0.

· PG. 71   Courtesy of Massachusetts Archives, 1672.

· PG. 91   Courtesy of Artful Doodlers

· PG. 94   Courtesy of Artful Doodlers

· PG. 97   Courtesy of Artful Doodlers

· PG. 103   Courtesy of Artful Doodlers

· PG. 116   Courtesy of Artful Doodlers

· PG. 124   Courtesy of the Digital Library of Northwestern University.

· PG. 135 Courtesy of Artful Doodlers

· PG. 142 This drawing of the wall was made by Roy S. Dickens in 1979 for
Archaeological Investigations at Horseshoe Bend.

· PG. 178 Courtesy of the Library of Congress, Prints and Photographs
Division. 1890.

· PG. 180 Courtesy of the US Geological Survey.

· PG. 188 Courtesy of the US Department of the Interior, 1911.

· PG. 195 Carlisle Indian School, photograph by Francis Benjamin Johnston,
1901.

· PG. 195 Carlisle Indian School, photograph by Francis Benjamin Johnston,
1901.

· PG. 196 Courtesy of the Library of Congress, Prints and Photographs
Division.

· PG. 206 From the collection of Gertrude Svarny; photograph by Charles H.
Hope, her father.

· PG. 222 AP Photo.

· PG. 222 Courtesy of the Bancroft Library, Berkeley, CA.

· PG. 227 Courtesy of the Library of Congress, Prints and Photographs
Division. Poster by Bruce Carter, 1970.

· PG. 236 Courtesy of the Smithsonian Institution.

· PG. 248 Courtesy of Artful Doodlers

· PG. 256 Courtesy of Camille Seaman.

· PG. 259 Courtesy of Camille Seaman.

· PG. 260 Carlos Gonzalez, copyright 2017, Star Tribune.

· PG. 263 Courtesy of Camille Seaman.

청소년을 위한 미국 역사 바로 보기

아메리카 신대륙 발견은 맞는 말일까?

초판 1쇄 발행 ｜ 2026년 3월 10일

지은이　｜ 록샌 던바-오르티스
옮긴이　｜ 권상철
펴낸이　｜ 김현숙 김현정
펴낸곳　｜ 공명
디자인　｜ 디자인 봄바람

출판등록　｜ 2011년 10월 4일 제25100-2012-000039호
주소　｜ 02057 서울시 중랑구 용마산로 636. 베네스트로프트 102동 601호
전화　｜ 02-432-5333
팩스　｜ 02-6007-9858
이메일　｜ gongmyoung@hanmail.net
블로그　｜ http://blog.naver.com/gongmyoung1
ISBN　｜ 978-89-97870-96-7(43940)

- 책값은 뒤표지에 있습니다.
- 이 책의 내용을 재사용하려면 반드시 저작권자와 공명 양측의 서면에 의한
  동의를 받아야 합니다. 잘못 만들어진 책은 바꾸어 드립니다.